JN040280

美智子さまの63年

皇室スタイル全史　米寿のお祝い

完全版

別冊宝島編集部

宝島社

米寿をお迎えになる美智子さまの令和のお姿

昭和34年4月10日に24歳で上皇陛下とご結婚された美智子さま。令和3年10月20日にはめでたく数え年で88歳となり、米寿を迎えられる。

ご結婚が決まり、皇太子妃として、皇后として、上皇后として陛下とともに歩まれた63年間は、世界各国の王族や首脳と親善を深めたり、国内の被災地に出向かれたりと多忙を極めた。しかし、そんななかでも美智子さまは周囲を気遣い、国民の声にも笑顔で応えてこられた。

次世代へと受け継ぎ新時代を築く

上品な装いと愛情あふれるお人柄

美智子さまといえばお召し物が素敵なことで知られる。式典では美しいドレスやお着物で華を添え、皇室行事では雅《みやび》やかな宮廷衣装で凛《りん》としたお姿をお見せになった。そして、その美しさは令和の時代になってからも変わらない。

本書では、上皇后になられた美智子さまの上品な装いの数々を、優しいお人柄を感じさせるエピソードとともに紹介する。また、皇太子妃時代、皇后時代のご活躍やお召し物もあわせて振り返る。

米寿：88歳を迎える際の長寿のお祝いのこと。「米」の字を分解すると「八十八」になることに由来している。美智子さまは令和3年10月の誕生日に、数え年で88歳（満年齢で87歳）をお迎えになる。

仙洞仮御所のお庭を散策される上皇陛下と美智子さま。（宮内庁提供）

令和
2019年〜

人々を見守られる上皇后陛下

吹上仙洞御所でくつろがれ、思い出話に花を咲かせる上皇陛下と美智子さま。（宮内庁提供）

第40回草津夏期国際音楽アカデミー＆フェスティヴァルに参加された美智子さま。

吹上仙洞御所のお庭を散策される上皇陛下と美智子さま。お庭に咲くコハマギクを鑑賞されている。（宮内庁提供）

平成
1989年〜2019年

多くの地を訪問された皇后陛下

平成17年3月9日、マレーシアのファウジア王妃と談笑される美智子さま。

平成22年8月24日、長野県軽井沢町の思い出のコートでテニスを楽しまれる天皇陛下（現・上皇陛下）と美智子さま。

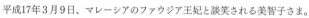

平成17年５月、ノルウェーを訪問され、国立工芸博物館の見学を終えた美智子さま。

昭和39年、メキシコを訪問された美智子さま。

昭和
1959年〜
1989年

皇室に新風を吹き込んだ皇太子妃

昭和42年10月、米国で行われた国際的な観光同盟の総会開会式に出席された美智子さま。ブルーと白のお着物が凛とした印象を与えている。

昭和60年３月15日、つくば万博を訪問された皇太子殿下（現・上皇陛下）と美智子さま。開会式に先立ち、会場を視察され、ブルガリア館やOECD館などをまわられた。

美智子さまの63年

皇室スタイル全史　米寿のお祝い完全版

4章 御所での過ごされ方

5章 皇太子妃としての可憐な装い

6章 皇后としての凛とした装い

1章

新たな時代に向けて

新時代に向けて

約200年ぶりの譲位
新元号「令和」を迎える

平成から令和へ――。
美智子さまは皇后としてのお立場を終え、上皇后になられた。

退位礼正殿の儀
平成31年4月30日に行われた退位礼正殿の儀で、宮内庁長官から「おことば」を受け取る天皇陛下（現・上皇陛下）と美智子さま。

譲位のご決意によって新時代が幕を開ける

平成28年8月8日、天皇陛下（現・上皇陛下）は「象徴としてのお務めについての天皇陛下のおことば」を通じ、譲位のご意向を示された。最後に天皇の譲位が行われたのは200年以上も前のことだった。

天皇陛下がご高齢になられ、健康上の理由で公務を果たすことが難しくなったことが譲位の理由だった。翌年、政府は平成31年年4月30日を退位日と決定し、この日をもって平成の世に終わりが告げられることとなった。

新年一般参賀

令和2年1月2日に行われた新年一般参賀で、人々の祝賀に笑顔でお応えになる美智子さま。上皇后としてはじめての新年をお迎えになった。

被災者をお見舞い

平成23年３月30日、被災者の避難先となった東京武道館を訪問された天皇陛下（現・上皇陛下）と美智子さま。ひざをついて、避難している人たちに話しかけられている。

30年間の平成の世をお支えになったお二人

昭和64年1月7日に昭和天皇が崩御。これにより皇太子であった明仁さま（現・上皇陛下）が皇位継承し、天皇に即位された。その日の午後には新たな元号が発表されていた。

いくつかの候補のなかから選ばれた「平成」の2文字には、「国の内外にも天地にも平和が達成される」という意味が込められたという。

天皇陛下（現・上皇陛下）は、2日後の1月9日に行われた即位後朝見の儀で「国運の一層の進展と世界の平和、人類福祉の増進を切に希望してやみません」と述べられた。

その後、天皇の葬儀である大喪の礼と大喪儀を終えられ、翌年、平成2年11月12日、即位の礼の中心儀式である即位礼正殿の儀が執り行われた。この日以降、天皇陛下（現・上皇陛下）と

第13回みどりの式典
平成31年４月30日の退位を前に皇居外での最後の公務となった「みどりの式典」での天皇陛下（現・上皇陛下）と美智子さま。笑顔で会場を後にされた。

美智子さまは本格的に平成の世を歩まれていくことになる。

平成時代をお支えになった上皇陛下と美智子さま

平成7年1月に阪神・淡路大震災が起こると、両陛下は被災地の人々を元気づけようと、現地を訪問された。

腰を屈め、被災者と同じ目線で話される美智子さまのお姿に、被災者はもとより報道を見聞きした全国の人々が感動を覚えた。

また、平成23年3月に観測史上最大規模といわれる東日本大震災が起こった際には、特に津波の被害が大きかった沿岸部などへお見舞いに行かれた。

宮内庁のホームページを通じて、「被災した各地域の上にこれからも長く心を寄せ、被災者と共にそれぞれの地域の復興の道のりを見守り続けていくことを心より願っています」と全国民にメッセージを送られたりもされた。

退位礼正殿の儀
平成31年４月30日、国家の印鑑である国璽（こくじ）と、天皇の印鑑である御璽（ぎょじ）が下げられる場の、天皇陛下（現・上皇陛下）と美智子さま。

最後まで国民への感謝を胸に臨まれる

平成31年4月30日、退位礼正殿の儀が執り行われた。

式には、美智子さまや皇太子ご夫妻、秋篠宮ご夫妻ら成年皇族に加え、立法機関・行政機関・司法機関・地方公共団体の代表などが参列した。また、安倍晋三内閣総理大臣（当時）が国民代表の辞を述べた。

これに対し、上皇陛下は「おことば」のなかで、約30年間続いた平成の時代を次のように振り返られた。

「即位から30年、これまでの天皇としての務めを、国民への深い信頼と敬愛をもって行い得たことは、幸せなことでした。象徴としての私を受け入れ、支えてくれた国民に、心から感謝します」

この翌日から美智子さまの上皇后としての日々が始まることになる。

平成最後の新年祝賀の儀
平成31年1月1日、新年祝賀の儀を終えて退出される天皇陛下（現・上皇陛下）と美智子さま。

新時代の装い

上皇后としてのお姿

変わらぬ凛とした美しさ

上品さと愛情のあふれる美智子さま。上皇陛下に寄り添うお姿は、あせることのない輝きを放っている。

草津音楽の森国際コンサートホール
令和元年8月27日、第40回草津夏期国際音楽アカデミー＆フェスティヴァルコンサートを鑑賞される上皇陛下と美智子さま。

ご自身のなすべきことをまっとうされるお姿

「与えられた義務を果たしつつ、その都度新たに気付かされたことを心にとどめていく——そうした日々を重ねて、60年という歳月が流れたように思います」

平成30年にご結婚60周年を迎えられた美智子さまは、そのように話された。

上皇后になられてからも、たびたび国民の前にお出ましになり、天皇ご一家、秋篠宮ご一家、皇族方を支えられている。

親謁の儀の後、帰路に

令和元年６月30日、ご退位の報告のため京都を訪れ、帰路につくためＪＲ京都駅に到着された上皇陛下と美智子さま。

第40回草津夏期国際音楽アカデミー＆フェスティヴァル
令和元年8月27日、ワークショップに参加し、フルート奏者のカール＝ハインツ・シュッツさんと演奏される美智子さま。

いつまでも変わらない品と美しさ

上皇后になられてからの服装は、皇后時代と比べると、より抑えた色味のものが多い。特に、和装より洋装のお姿をお見受けすることが増えた。

よくお召しになるのは、淡いベージュや白、グレーのワンピース。時折、ブルーやグリーンなど、濃い色のお召し物にも袖を通される。

どちらのお姿もシンプルにまとめられた、上品な装いである。

また、洋装の際にはファシネーターという髪飾りをされることもある。白を基調とし、花飾りがひとつ載せられているなど、シンプルなデザインのものが多い。

美智子さまがお召しのワンピースやジャケットなどと調和がとられていて、明るく凛とした印象を与えている。

明治天皇陵をご参拝
令和元年６月12日、グレーのスーツに身を包み、明治天皇陵に向かわれる美智子さま。

寄稿

〘美智子さまの才覚と愛情〙

壮絶でドラマチックな長い長いラブストーリー

著・折原みと（漫画家・小説家）

上皇陛下と美智子さまが紡ぐ愛の物語は軽井沢のテニスコートから始まる。当初は「皇室」と「民間」というお立場の違いからプロポーズを固辞されていた美智子さま。しかし、思いを伝え続ける上皇陛下の願いが実り、おふたりは二人三脚で歩み始める。

「茨の道」を歩む覚悟をされた美智子さま

今、女性週刊誌で、美智子さまの漫画を連載している。

美智子さまと上皇さまの出会いから、世紀のご成婚。そして、その後のおふたりの軌跡を、20代の女性の目を通して描く作品だ。

「美智子さまの漫画を描きたい！」

そう思ったキッカケは、時代が「平成」から「令和」に変わる頃に観た、皇室特別番組だった。

昭和32年、おふたりは軽井沢のテニスコートで出会われ、上皇さまは美智子さまに恋をした。

「皇室」と「民間」というお立場の違いからプロポーズを固辞されていた美智子さまだが、ご結婚を決意させたのは、皇太子時代の上皇さまの、このお言葉だったという。

「僕は家庭を持つまでは、絶対に死ん

平成12年11月21日、天皇陛下（現・上皇陛下）の67歳の誕生日を前に、皇居正門鉄橋付近を散策される天皇陛下と美智子さま。（宮内庁提供）

ではいけないと思っています」

当時の皇室の慣習により、3歳3ケ月でご両親のもとを離れ、家庭のあたたかさを知らずにお育ちになった上皇さま。

未来の「天皇」になるという重い宿命を背負い、孤独に耐えてきた上皇さまのために、「あたたかなホーム」をつくりたい。

その想いが、美智子さまに「茨の道」を歩むお覚悟をさせたのだ。

上皇陛下は何度も電話でお気持ちを伝えられた

大企業の令嬢に生まれ、美貌にも才能にも恵まれた女性には、いくらでも輝ける人生の選択があっただろう。

それでも、美智子さまが皇室に入る決意をされたのは、上皇さまのひたむきな愛と情熱にお心を打たれたからだ。

結婚の申し込みを正式に断られながらも、上皇さまはあきらめず、美智子

「究極の少女漫画」のようなラブストーリー

さまに何度も、電話で直接お気持ちを伝えられたという。

上皇さまにとって美智子さまは、それほどまでにかけがえのない「運命の人」だったのだ。

まさに「世紀のロマンス」。「究極の少女漫画」のようなラブストーリーではないだろうか。

つい先日、皇室関係のテレビ番組を観ていたら、偶然にも、微笑ましいものを見つけてしまった。

ハゼ類の研究者としての一面もお持ちの上皇さまが、研究に勤まれている昭和38年の映像が流れたのだが、なんとその机の上には、美智子さまのお写真が置かれていた。

しかもその写真は、ご結婚前に上皇さまが自ら撮影されたものだったのだ。

おふたりで安らぎのある家庭を築かれる

テニスコートの出会いから2ケ月後、上皇さまは東京でテニスの親善試合を催され、美智子さまを招待された。

そのときに撮影した美智子さまのお写真を、東宮職の職員文化祭に出品され、一枚は、大きく引き伸ばしてご本人にプレゼントされたという。ご結婚前の、熱い恋のエピソードだ。

昭和38年といえばご結婚から4年後だが、そのお写真を、大切に机の上に飾っていらっしゃるなんて……。

本当に、上皇さまは美智子さまのことを、心から愛していらっしゃるのだ。

……と、胸が熱くなった。

上皇さまご夫妻の昔からのお写真や映像を拝見すると、上皇さまが、それは嬉しそうに、愛おしそうに、美智子さまを見つめていらっしゃるシーンが多い。

「結婚して初めて、安らぎのある家庭を味わうことができました」

これは、昭和59年、銀婚式を迎えられての会見で、上皇さまがおっしゃったお言葉だ。

重荷をともに背負って歩く美智子さまの決意

折にふれ、上皇さまは、美智子さまへの感謝と、愛にあふれたお気持ちを伝えられてきた。

「日本国及び日本国民統合の象徴」で

平成21年９月、新潟県の豊栄福祉交流センター「クローバー」内にある飲食店を訪問された天皇陛下（現・上皇陛下）と美智子さま。

ある「天皇」が、これほどの「愛妻家」であったことは、私たち国民にとっても、誇らしく、幸せなことではないだろうか。

「うちの愚妻が……」などと、人前でパートナーをけなす男性も未だにいるようだが、ぜひ、上皇さまを見習っていただきたいものだ。

「天皇」というお立場の責任や重圧が、どれほどのものなのか……。途方もなさすぎて、一般人には推し量ることもできない。

ご結婚を決意されたとき、美智子さまは、その重荷をともに背負って歩くお覚悟を決められたのだろう。

「たまきはるいのちの旅に吾を待たす君にまみえむあすの喜び」

日本中が歓喜に包まれたご成婚の前日、美智子さまが詠まれた歌だ。

まるで菩薩のように微笑む美智子さま

上皇さまを才覚と愛情で支えられた美智子さま

あれから62年。

おふたりは、昭和、平成、令和へと至る長い旅を、ともに歩んでこられた。いつも静かに上皇さまに寄り添い、その強さと、才覚と、あたたかな愛で支えてこられた美智子さま。

その愛に支えられながら、「天皇」という重責を果たされた上皇さま。

平成31年1月、時代が令和へと変わる少し前。葉山御用邸にご静養にいらした両陛下を、沿道で旗を振ってお出迎えした。

長年、葉山の近隣の町に住んでいるが、初めての経験だった。

御用邸に到着後、おふたりはその裏の海岸でマスコミの取材を受け、地元の人たちとも、気軽にお言葉を交わされる。

思いのほか間近で拝見した美智子さまの、まるで菩薩《ぼさつ》のような微笑み。そして、その美智子さまに注がれる、上皇さまの安らぎと信頼に満ちたまなざしが印象的だった。

上皇さまは、今も、美智子さまに恋をしていらっしゃる。

海辺を歩くおふたりの後ろ姿に、そう思った。

最近はコロナ禍ということもあって、上皇さまご夫妻のお元気な姿を拝見する機会もなく、淋しい限りだ。

壮絶でドラマチックな、長い長いラブストーリー。その最終章とも言える日々が、どうか穏やかで、やさしい光に包まれていますように。

PROFILE

折原みと（おりはら・みと）

1985年、少女漫画家デビュー。1987年に小説家としてデビュー、1991年に刊行した小説『時の輝き』が110万部のベストセラーとなる。漫画、小説にとどまらず、エッセイ、絵本、詩集、料理本、CDなど、幅広く活躍中。「週刊女性」（主婦と生活社）で漫画『孤独なあなたの愛し方〜美智子さまが教えてくれた幸せの法則』を連載中。

2章

上皇后になられた美智子さま

はじめての
新年

令和2年の新年一般参賀

上皇后として迎えた新年

令和の始まりとともにご公務を終えられた美智子さま。
そうしたなかお出ましになった一般参賀では、国民に変わらぬ笑顔を見せられた。

異例の状況で迎えた新年一般参賀

令和2年1月2日、改元後はじめての新年一般参賀が執り行われた。

今回の一般参賀において例年と大きく異なっていたのは、天皇皇后両陛下のお隣に上皇陛下と美智子さまが立たれたことである。

ご退位後の上皇陛下と美智子さまは、原則すべての公務を離れられたため、この日お出ましかどうか明らかではなかった。

当日、上皇陛下と美智子さまはお出ましになった。これは天皇皇后両陛下

令和2年・新年一般参賀
令和2年1月2日に行われた新年一般参賀。左から美智子さま、上皇陛下、天皇陛下、雅子さま。

のご要望であったといわれている。美智子さまは、笑顔で国民に手を振られた。

白のドレスに、皇室の伝統である真珠のネックレスという装いで、派手過ぎないさわやかさを演出されている。

お互いの立場を尊重される

上皇陛下や美智子さまが、天皇皇后両陛下を盛り立てようとされている一方で、天皇皇后両陛下は、上皇陛下と美智子さまに感謝され、お体を気遣われているという。

美智子さまは、平成16年お誕生日の際、雅子さま、紀子さまへのお気持ちとして、「私のしてきた事ばかりでなく、なし得なかったたくさんの事も、しっかりと見、補っていってほしいと願っています」と話されている。

この思いは今も、大切にお持ちのことだろう。

黙禱を捧げる

自然災害や戦争の被害者に心を寄せて

被災者や戦没者への思い

日本の安寧を願うお姿。
そのお気持ちは被災地にも向けられている。

仙洞仮御所にて
令和2年10月5日、仙洞仮御所を散策中の上皇陛下と美智子さま。これまでの日々を振り返ってお話をされたり、お花のお手入れをなさったりすることが多いという。（宮内庁提供）

被災者や被災地のことをお心に留めている

美智子さまは、これまで地震や豪雨などあらゆる自然災害の被災地を訪れ、被災者にあたたかいお言葉をかけてこられた。

令和2年7月に熊本県をはじめとする九州地方などで、豪雨による被害が発生した際にも報道を注視され、被災者や被災地の様子を案じておられた。

平成23年に発生した東日本大震災からの復興への道のりも、今なお日々の状況を気にかけていらっしゃる。

全国戦没者追悼式
令和元年８月15日、日本武道館で行われた全国戦没者追悼式に臨む天皇陛下と雅子さま。

忘れてはならぬ日に黙禱を捧げられる

上皇上皇后両陛下は追悼式に直接出向かれることはなくなったものの、毎年テレビ中継で様子をご覧になり、神淡路大震災の発生日（１月17日）、東日本大震災の発生日（３月11日）に、仙洞仮御所で黙禱を捧げられる。

一方で、戦争で亡くなられた人々に対しても、ご在位中から沖縄慰霊の日（６月23日）、広島原爆の日（８月６日）、長崎原爆の日（８月９日）、終戦記念日（８月15日）を「記憶しておかなくてはならない４つの日」として、同様に黙禱を捧げられている。

これまでも追悼式へのご参加や墓苑での供花などを活発に行ってこられたが、思うお気持ちは今も変わらず、そのご意向は天皇皇后両陛下に引き継がれている。

静かに暮らす日々

国民の平和と安全を願う

人々の声に思いを馳せて

国民を見守られるそのまなざしは、どんなときでも変わらぬお優しさに満ちている。

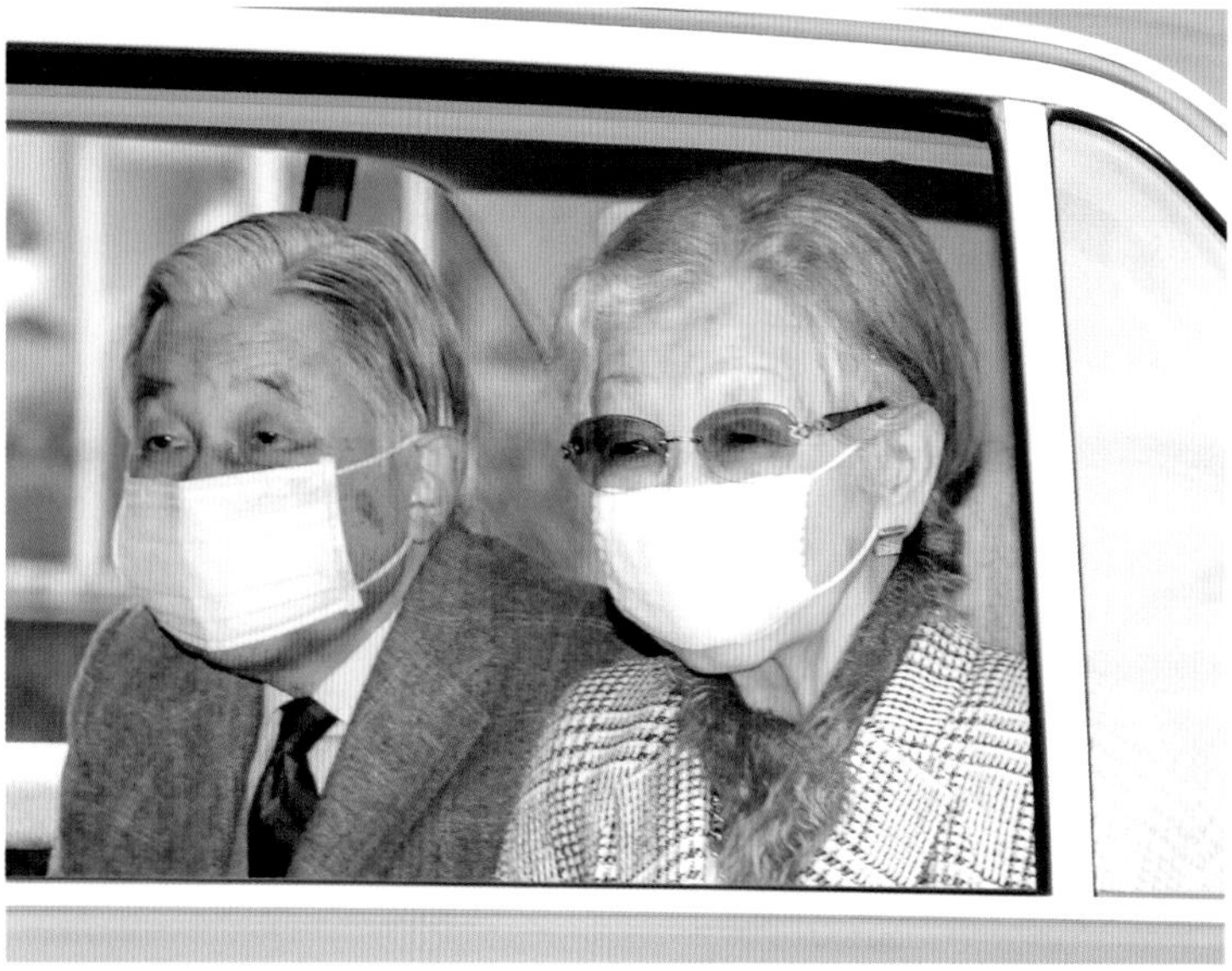

仙洞仮御所へ移動

令和2年3月31日、仙洞仮御所に移動される上皇陛下と美智子さま。移動中、沿道の人たちに手を振られた。

寄せられる手紙を読まれる日々

コロナ禍で外出を控えている美智子さまは、ほとんどの時間を上皇陛下に寄り添いお過ごしになっている。

また、毎日、侍医や侍従に国内外の感染状況をお尋ねになっているという。行事の中止が相次ぎ、国民の前へのお出ましの機会が減ってしまった美智子さま。仙洞仮御所で多くの人々から寄せられる手紙や著書などを読まれ、日々を過ごされている。

遠くからでも、静かに国民を見守り、平和と安全を願われている。

令和2年・新年一般参賀
令和2年1月2日、令和2年の新年一般参賀で人々に手を振る美智子さま。

言葉を紡ぐ

知的で思いやりにあふれる言の葉

お言葉に表れる優美さ

美智子さまの紡がれる言葉は、いつでも優しさと心配りに満ちている。

美智子さまの御歌碑
平成18年の歌会始で美智子さまが詠まれた短歌。神戸市の東遊園地に設置されている。「笑み交はしやがて涙のわきいづる　復興なりし街を行きつつ」と詠まれている。

ご自身のお体よりも上皇陛下に気を配る

誰でも歳を重ねると、できていたことが突然できなくなる。美智子さまは、今までできていたのは授かっていたから、それができなくなるのは「お返しした」からだと話されている。

そうした優しく紡ぐお言葉、御歌は全国で石碑が立てられている。

平成31年4月に奈良県の橿原《かしはら》神宮でお披露目されたのは、「遠つ世の風ひそかにも 聴くごとく 樫の葉そよぐ参道を行く」で、参拝された際のお気持ちを歌われたものだ。

吹上仙洞御所のお庭にて
吹上仙洞御所内のお庭をお散歩し、コハマギクを鑑賞される上皇陛下と美智子さま。(宮内庁提供)

寄稿

〖希望の光を点す美智子さま〗

若さと美しさが日本の行方を明るく照らした

著・武田鉄矢（歌手・俳優）

昭和、平成、令和と新時代を駆け抜けてこられた美智子さま。ご苦労をものともせず、笑顔でまっすぐな心を示されるお姿は、時代を問わず、多くの人々を励ましている。

青い炎を吐いてジェット戦闘機が飛び交う

美智子さまを語るには、どうしてもあの遠い時代から話を起こさねばなりません。どうかその回りくどさをご容赦下さい。

時は昭和34年、私は十歳。靴先にポッカリと穴のあいたズック、あちこちと糸のほどけたセーター姿のはな垂れ小僧でありました。生まれたのは福岡市近郊の畑と人家と私鉄駅から続く商店街を織り交ぜた町でした。

そして隣町には有刺鉄線に守られた広大なアメリカ空軍のベースキャンプが広がっておりまして、そこは美しい芝生と白い木造住宅の並ぶアメリカの町でした。

すぐ近くの板付飛行場（現・福岡空港）では朝鮮戦争再燃に備えて、青い炎を吐いて日夜発着訓練をくり返す星条旗を翼につけたジェット戦闘機が飛

平成21年7月16日、創業１６０年以上の歴史を持つパーカー牧場に到着した天皇陛下（現・上皇陛下）と美智子さま。

び交っておりました。

その爆音の下、商店街の祭日の人混みに傷《しょう》痍《い》軍人達の白い単衣姿のグループを見かけました。先の大戦で負傷、手や足に障害を負った元兵士の人達で、もの哀しくアコーディオンで軍歌を奏でる人の足元に土下座をして、ものを乞う人が座っておられました。

その人達の気配が何だか恐ろしく、ギョッと見つめてしまうと、父のゲンコが頭に落ちて来て、「見るな」と父は唸《うな》るのです。

空を飛び交うアメリカ軍の戦闘機と地面に座り込んだ日本軍の元兵隊さん……戦争を知らない十歳の小僧でも祖国がどれほど惨めな敗北を喫したか察しがつきました。

切り詰めてでも御成婚パレードが見たい

そんな仄暗《ほのぐら》い昭和34年の春先。いつも不機嫌で苛々とした眼の父が私にうわ言のような宣言をしたのです。

「てつや、テレビば買うぞ」。その時代テレビはどれほど遠い電気製品であったか。

当時、テレビ一台は父の年収の半分に価し、いつも機械油の臭いのする施盤工の父の稼ぎで手の届くものではありません。私は信じられず、母を見ました。母は内職で繕い物のミシンを踏んでおりました。暮らしを切り盛りしているのは母でした。で、私はその聖断を母に仰いだのです。

「民間から皇族へ」この出来事が希望となった

当然反対の、それも金切り声の絶対反対の声があがると身構えておりましたが、聞こえて来たのは雨音に似たミシンを踏み続ける音だけ。

この無謀に母は反対しません。私はこれ以上、幸せになれないのが不安になるほど幸せでした。この決断はただひとつ、「皇太子殿下（現・上皇陛下）、美智子さま御成婚パレード」の中継をテレビで見るための無謀でした。

戦後、テレビの普及を一挙にすすめた出来事といわれていますが、私はその日から日本人の何かが変わったのではないかと思います。

昭和の濁りを拭った美智子さまの尊い笑顔

御成婚パレードのその日、白黒画面を睨《にら》みながら父はしきりに私に話しかけて来ました。それは口の重い父にとって、珍しい事でした。

「てつや、よう見とけ、美智子さまの顔ば」

父はそう言い、ボーッとテレビを見る十歳の次男坊に語り続けたのです。

「美智子さまは民間から皇后さまになられるぞ」

父は戦時中、最下級の陸軍兵士でした。フィリピンや中国北部で戦い、惨敗の戦場で生き残りました。

戦後は焼け野原の博多で、休む間もなく戦後復興の骨の軋《きし》むような町工場の労働に従事しておりました。辛かったでしょう。

その不機嫌な父が、画面の美智子さまの笑顔を尊く見て呟《つぶや》いたひとことが、私にとって昭和という時代の印象となった言葉でした。

「てつや、もしかしたら日本は良うなるかも知れんぞ」

美智子さまの若さと美しさが日本全体を励ましたのです。

少なくとも日本人がこぞって明日という日を信じたその日でした。

忘れ難きは、そう呟いた父がこぶしで眼の下を拭いたことで、泣いていたのでしょう。

戦後の昭和に澱《よど》んでいた何かを美智子さまが払拭した事実はテレビの普及などより重大と考えるのです。私にはそんな体感があります。

それぞれの立場の苦労を分かち合う

そして次は母の事。それは御成婚から数年後、美智子さまは母になられていました。

皇太子殿下と共に外遊なさるとき、こんな騒ぎが起こりました。全国紙の大手新聞が羽田から飛行機に乗り込まれる御夫婦の姿を紹介しておりました。美智子さまは着物姿でした。

この姿を第一面に飾りつつ、後ろの紙面で美智子さまと同世代の若い母親の投書を掲載しておりました。その母は貧しさに打ち萎《しお》れた境遇で「美智子さまの帯留が欲しい」と小見出しが付けてあります。

「美しく着飾られた美智子さまの帯の小さな装飾品ひとつあれば、抱きかかえたこの子にミルクを腹一杯与えられるのに」と生活苦に喘《あえ》ぐ若い母親の声でした。

底意地が悪いのは、この投書を掲載するだけで、何故取り上げたのかの記者の思いなど一行もないことです。

皇室の華美を、美智子さまの帯留に照らして、面当てにあげつらった記事なのでしょう。

この記事は波紋を広げました。

波紋は大手新聞の目論見とは逆の波で、この母とこの新聞に批判が集中しました。私の母は無論逆の波のほうで、その表情と声をありありと思い出せます。

「バカチン」が第一声で、いわく「貧乏ば辛抱するとが貧乏人たい。貧乏ば新聞に言いつけるバカがどこにおるか。他人のもんば欲しがるな。分際ば知れ」

古めかしい言葉ですが、「分際」とは立場という意味でしょう。その御立

世間とちがう立場で 世間とちがう苦労に 耐えられる

場で世間の者とはちがう苦労に耐えておられる美智子さまが、母は好きでした。

戦後の昭和で、苦労を皇室と分かち合う気分は美智子さまによって醸成され、画されたと思います。

どんな時代にも希望を与え続ける美智子さま

さて、昭和から平成へと移り、父母も逝きました。

日差しのような明るいお声で人々に寄り添う

あの日から五十年が過ぎた平成のある日、私はその美智子さまにお会いしました。父母が知れば仰天したでしょう。出演した映画の試写会に御臨席いただけたのです。

試写会の後、懇談の席が設けられ、「武田さん」と日差しのような声で美智子さまに呼び掛けられるたび、父母を思い出し、胸一杯でした。

「テレビでも印象に残った役がありました」と言いかけられたのですが、話題が別に移りそこで途切れてしまいました。

お見送りの際、途切れた話を思い出されたのか振り返られ「あっ、勝海舟」と私に言い置かれました。

大河ドラマ「龍馬伝」での私の役です。

「なるほど」と嬉しかったのですが、とにかく呼び掛けられるたび、昭和人として心中、赤々と去来する思いがありました。

言葉にならず困っておりましたが、今は月日に濾《こ》して、煮詰めて、七夕の短冊のような短い言葉に出来ます。

美智子さまへ
テレビありがとう
てつや

我ら団塊世代は美智子さまの登場によって、希望の光を胸に点《とも》したのです。

PROFILE

武田鉄矢（たけだ・てつや）

昭和24（1949）年生まれ。俳優、歌手、作詞家として活躍。代表曲に『贈る言葉』、『母に捧げるバラード』、『人として』などがある。平成20年からは福岡教育大学の名誉学士として、大学教育の活性化や学生支援などで活躍。また、ラジオ『武田鉄矢・今朝の三枚おろし』（文化放送）ではパーソナリティとして、さまざまな話題を発信している。

3章

お出ましの機会

コンサート鑑賞

今も続く音楽への思い

常に心をゆだね、ともにあった音楽

年に数回、コンサートに出向かれ、音楽を楽しまれる美智子さま。その表情にはいつも明るい笑顔が見られる。

ベルリン・フィルハーモニー管弦楽団来日公演ご鑑賞
令和元年11月20日に行われた「ベルリン・フィルハーモニー管弦楽団来日公演」を鑑賞する上皇陛下と美智子さま。

音楽を通じて国内外とのつながりを持つ

音楽にご造詣が深く、ご自身でも幼いころからピアノを嗜《たしな》んでいらした美智子さま。コンサートにもたびたび足を運ばれている。

たとえば、赤坂御用地からほど近いサントリーホールには、ベルリン・フィルハーモニー管弦楽団の来日公演などでいらっしゃることが多かった。

また、コンサートの収益が復興支援にあてられる「東日本大震災復興支援チャリティコンサート」には毎年訪問されていたという。

別府アルゲリッチ音楽祭ご鑑賞
令和元年5月24日に行われた「別府アルゲリッチ音楽祭」を鑑賞された上皇陛下と美智子さま。コンサート会場に到着すると拍手で迎えられ、笑顔で手を振られた。

バイオリニストの演奏会ご鑑賞
平成27年4月5日、紀尾井ホールで行われたバイオリニスト和波孝禧さんの演奏会を鑑賞され、指揮者の小沢征爾さんと言葉を交わす美智子さま。

世界的ピアニストとも私的なご交流を持つ

また、令和元年5月24日には東京オペラシティコンサートホールで行われた「第21回別府アルゲリッチ音楽祭」に上皇陛下とともに出向かれた。

お二人はアルゼンチン出身の世界的ピアニストであるマルタ・アルゲリッチさんが演奏を終えると、惜しみない拍手を送られた。

実は、お二人はアルゲリッチさんの演奏会には過去に何度も足を運ばれていた。私的な交流もあり、住まいに招かれたこともおありだという。

コンサート終了後、アルゲリッチさんや指揮者を務めた小澤征爾さんと和やかに懇談されたが、美智子さまはご自分のお好きな曲がアンコールで演奏されたことを喜ばれていたという。

別府アルゲリッチ音楽祭ご鑑賞

平成30年5月16日、別府アルゲリッチ音楽祭の鑑賞のため、東京オペラシティコンサートホールに到着された美智子さま。笑顔で観客席に手を振られている。

ピアノ演奏

お得意のピアノでアンサンブルを奏でる

演奏家と音楽を奏でる

世界の有名演奏家たちと協演されるお姿に、
音楽を愛し、楽しみ続けられていることが強く表れている。

ワークショップで演奏される
令和元年8月27日、草津音楽の森セミナーハウスで行われたワークショップに参加された美智子さま。フルート奏者のカール＝ハインツ・シュッツさんと演奏されている。

お誕生日の演奏や名演奏家との協演も

美智子さまはコンサートに足を運ばれるだけでなく、ご自身でもお誕生日に演奏を披露されたり、国内外の著名な演奏家たちとアンサンブルを奏でたりされてきた。

たとえば、「第40回草津夏期国際音楽アカデミー&フェスティヴァル」では、コンサートに先立ち、隣接するセミナーハウスでフルート奏者カール＝ハインツ・シュッツさんとの約1時間のレッスンに参加され、サン＝サーンスの『白鳥』を協演された。

ワークショップで談笑される
平成29年8月27日、草津音楽の森セミナーハウスで行われたワークショップに参加された美智子さま。バイオリン奏者のウェルナー・ヒンクさんと談笑されている。

27歳の誕生日を前に
ピアノを演奏される美智子さま。昭和36年10月16日、満27歳の誕生日用に撮影された。

音楽は自分にとって好きで大切なもの

平成11年のお誕生日には、「音楽も、ささやかにであれ続けていかれれば、どんなに嬉しいでしょう」「一日が終わり、夜、静かな部屋で陛下の伴奏をさせていただいたり、また、年に二、三回ですが、専門家の方に教わりながら楽興の一時を持つことは、今の私にとり大きな喜びです」とお答えになっている。

また、平成19年のお誕生日には「細々とながら音楽を続けて来た過去の年月が最初にあり、気がついた時には、音楽が自分にとって、好きで、また、大切なものとなっていたということでしょうか」とお答えになった。

令和を迎え、上皇后となられ、米寿を迎えられる美智子さま。ご自身のお体を気遣いながらも、音楽を楽しまれ続けるだろう。

42歳の誕生日を前に
昭和51年10月19日紀宮さま（現・黒田清子さん）の弾くピアノを聴く美智子さま。左奥は礼宮（現・秋篠宮）さま。

伝統芸能を尊ぶ

コンサートだけでなく舞台芸術も鑑賞

舞踏・歌舞伎を楽しむ

作品を通じて、その歴史や演者の思いにお気持ちを向けられる。美智子さまのあたたかい心に、演者までもが感動を覚える。

琉球舞踊鑑賞
令和元年10月7日、国立劇場小劇場で琉球舞踊「志田房子・真木の会」を鑑賞される上皇陛下と美智子さま。

戦後の混乱を生き抜いた半生に耳を傾けられる

令和元年10月7日、上皇陛下と美智子さまは東京・国立劇場で琉球舞踊「志田房子・真木の会」を鑑賞された。

作品では琉球舞踊家で人間国宝の志田房子さんが出演し、沖縄戦の戦没者を追悼する「鎮魂の詞《しずたまうた》」などが披露された。戦後の混乱のなかを生き抜いてきた志田さんの半生が紹介されると、お二人はじっと耳を傾けていた。

また、平成30年には東京・歌舞伎座を訪れられるなど、日本文化に触れることを楽しまれている。

歌舞伎鑑賞

平成30年２月14日、東京・歌舞伎座を訪れた天皇陛下（現・上皇陛下）と美智子さま。ご鑑賞後、十代目・松本幸四郎さんに、「声に気をつけて」と優しい言葉をおかけになった。

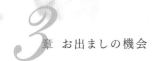

スポーツ観戦

歴史的な一戦を見つめられる

ラグビーW杯をご観戦

皇太子妃のころから、スポーツ観戦に足を運ぶことが多かった美智子さま。あの熱気に包まれた東京スタジアムにも来訪されている。

史上初・最高の試合で国民とともにエールを

令和元年、日本に熱狂の渦を巻き起こした「ラグビーワールドカップ日本大会（ラグビーW杯）」。アジアでラグビーW杯が開催されるのははじめてのことであり、この歴史的な一戦に世界中が注目していた。

11月1日に東京スタジアムを来訪された上皇陛下と美智子さまは、ラグビーW杯の3位決定戦を観戦された。

会場の大型モニターに、上皇陛下と美智子さまの姿が映しだされると、歓声や拍手がわき起こったという。

東京スタジアムにて
令和元年11月1日ニュージーランド対ウェールズ戦を観戦される上皇陛下と美智子さま。
歓声と拍手が鳴り響くなか、手を振られる。

お二人は自分たちの姿がモニターに映されていることに気づくと、すっと席を立ち上がり、笑顔で手を振り歓声に応えた。

そして、その後も国民とともに両国の白熱する試合を観戦していた。

テニスをはじめとした スポーツがお好きなお二人

上皇陛下と美智子さまはテニスだけでなく、野球、サッカー、ラグビー、スキー、相撲など、さまざまなスポーツにご興味をお持ちだ。

平成31年2月に開かれた宮中茶会には多くのアスリートも招待されていた。そこで、美智子さまは、プロサッカー選手の三浦知良さんに対し、「Jリーグ元年からずっと見ていて、いつかお話をしたかった。サッカー界をずっと引っ張ってきてくれてありがとうございます」と話されたという。

展覧会
訪問

展示を興味深く鑑賞される

博物館で文化に触れる

展示品に見入り、感動されるだけでなく、開催のために尽力したスタッフへの心配りもされている。

ご即位記念特別展ご鑑賞
令和元年11月11日、ご即位記念特別展「正倉院の世界――皇室がまもり伝えた美」を鑑賞される上皇陛下と美智子さま。

美智子さまが育てた蚕の糸で復元された絃

上皇上皇后両陛下は、ご即位を記念して催された種々の展覧会にたびたびおいでになっている。

令和元年11月には、新天皇のご即位を記念して開催された「正倉院の世界――皇室がまもり伝えた美（東京国立博物館）」に足を運ばれ、正倉院に伝わる五絃《ごげん》琵琶をご覧になった。その際、美智子さまは、ご自身が育てられた蚕の糸で復元された絃のサンプルをお手に取り、「使ってくださっているんですね」「うれしい」とお話しされた。

特別展ご鑑賞
令和元年11月6日、国立公文書館で行われた特別展「行幸——近現代の皇室と国民——」を鑑賞される上皇陛下と美智子さま。

特別展ご鑑賞
令和元年10月11日、東京芸術劇場で開催された特別展「ジョン・グールドの鳥類図譜――19世紀 描かれた世界の鳥とその時代」を黒田清子さんの解説で鑑賞する上皇陛下と美智子さま。

時代とともに変わる「皇室の姿」を見る

また、東京国立博物館の正倉院展を訪問される5日前には、国立公文書館で行われた特別展「行幸――近現代の皇室と国民――」を鑑賞された。

ちなみに公文書館は皇室にまつわる貴重な資料を多く展示していることから、お二人がこれまでに何度も足を運んでおられる場所だ。

今回の特別展では、同じく新天皇のご即位を記念し、明治から令和に至る5つの時代の行幸（天皇が外出されること）・行幸啓（天皇・皇后がお揃いで外出されること）の歴史が展示された。

この特別展で両陛下は、お互いのご結婚時の公文書や、これまでの公務での写真などをご覧になった。

昭和34年の納采の儀に関する公文書には、お二人が同年に神前で結婚の儀

企画展ご鑑賞
平成31年3月18日、国立科学博物館で開催された企画展「天皇陛下の御研究と皇居の生きものたち」を鑑賞する天皇陛下（現・上皇陛下）と美智子さま。

に臨まれたことや、ご結婚にあたって大きな祝福を受けられ、国内外から賓客を招いて祝宴が開かれたことなどが記されていた。

貴重な資料の展示に、上皇陛下は「ご苦労されたでしょうね」と職員をねぎらわれ、美智子さまは「よい展示でした」と声をおかけになった。

黒田清子さんが企画した特別展に足を運ぶ

令和元年10月11日、上皇陛下と美智子さまは、東京芸術劇場で開催された特別展「ジョン・グールドの鳥類図譜──19世紀　描かれた世界の鳥とその時代」を鑑賞された。

この特別展を企画したのは、長女で鳥類学者の黒田清子さん。

黒田さんの説明に、上皇陛下と美智子さまは熱心に耳を傾けられ、上皇陛下は「これは何という鳥ですか？」などと質問されていた。

思い出を大切に

軽井沢のテニスコート訪問
令和元年8月25日、軽井沢のテニスコートを訪問された上皇陛下と美智子さま。

思い出の町を歩く

長野県・群馬県にご滞在

都会の喧騒から離れ、ゆったりとしたひとときを過ごされる。

思い出の場所で夫婦の時間を大切に

上皇上皇后両陛下は毎年8月に長野県軽井沢町と群馬県草津町に滞在される。退位後も令和元年8月22日から30日にかけて滞在された。特に軽井沢はお二人が出会われた場所として思い出深い。

両陛下は軽井沢滞在中の23日、旧満州から引き揚げてきた人々が食料不足解消のために開拓した大日向開拓地を散策された。美智子さまはレタス農家の人々に対し、「サニーレタスはサラダにようございますね」と話された。

大日向開拓地ご散策

令和元年8月23日、長野県軽井沢町の大日向開拓地を散策する上皇陛下と美智子さま。

第40回草津夏期国際音楽アカデミー&フェスティヴァルご参加

令和元年８月27日、第40回草津夏期国際音楽アカデミー＆フェスティヴァルに参加された上皇陛下と美智子さま。音楽祭の出演者らに声をかけられている。

コンサート参加は お二人の夏の恒例行事

令和元年8月27日、お二人は群馬県草津市に移られた。

両陛下と同じホテルに宿泊する人々は、お二人がお車で到着すると屋外に出て、拍手で迎える。これに対し、お二人は笑顔で応えられたという。

草津ご滞在時には「草津夏期国際音楽アカデミー&フェスティヴァル」のご鑑賞が常となっている。

このコンサートは、日本で最初の夏の音楽講習会と演奏会の二本立ての音楽祭として始まったものであり、音楽祭開催中は、アカデミーの講師による演奏会が毎日開催されている。

令和元年もお揃いでコンサートにお出ましになり、美智子さまは開演前にワークショップにも参加された。

第38回草津夏期国際音楽アカデミー＆フェスティヴァルご参加
平成29年8月27日、第38回草津夏期国際音楽アカデミー＆フェスティヴァルに参加された天皇陛下（現・上皇陛下）と美智子さま。

寄稿

〖上皇陛下に寄り添い続ける〗

最後まで考え続けて答えを出されるお姿が人々を勇気づける

著・久能　靖（ジャーナリスト）

人々の立場に立ち、心を寄せて歩んでこられた美智子さま。容姿だけでなく、生き方にも美しさがあふれている。美智子さまは、上皇后になられた今も多くの人々の支えになっている。

美智子さまの心遣いあふれるお姿

「皇室は祈りでありたい」

これは長女の紀宮が母・美智子さまの印象に残っているお言葉として紹介されたものだが、これこそ美智子さまのすべてを言い表していると言っていいだろう。

もちろん宮中には多くの祭祀《さいし》があり、上皇陛下とともに常に国家国民の安寧を祈ってこられたが、祈りというお言葉は決して神への祈りだけを指しているのではない。

美智子さまの来し方を見るとき、私達はそこに限りない優しさと心遣いを感じてきたし、象徴天皇としてのあり方を模索し続け、それを形に表そうとされた上皇陛下のお考えを自分のものとして、ずっと寄り添ってこられたお姿に深い感動を覚える。

令和２年11月24日、仙洞仮御所内を散策され、バラの花をご覧になっている上皇陛下と美智子さま。（宮内庁提供）

すべて私よりも公を優先する

戦後新憲法によって天皇は元首から国民統合の象徴へと変わったが、象徴とは何かと問われるとその答えはむずかしい。

聡明な美智子さまでさえ、平成21年の記者会見で、「『象徴』という私にとっては不思議な言葉で示された昭和22年、私はまだ中学に入ったばかりで、これを理解することは難しく、何となく意味の深そうなその言葉を、ただそのままに受け止めておりました。（中略）『象徴』の意味は、今も言葉には表し難く、ただ、陛下が（中略）それにふさわしくあろうと努めておられたお姿の中に、常にそれを感じてきたとのみ、答えさせていただきます」と述べられている。

そしてすべて私よりも公を優先するというお考えそのままにお二人は障害

バスのなかから「がんばって」と声援を送られる

者や高齢者、あるいは災害を受けた人々、社会の人々のために尽くしている人達の立場に立って心を寄せ続けてこられたが、人々に大きな衝撃を与えたのは即位後はじめての自然災害へのお見舞いとなった長崎県の雲仙普賢岳の避難所御訪問であった。このときお二人は用意されたスリッパもはかず床に膝をついて被災者と同じ目線で慰められたのだ。このときは天皇陛下（現・上皇陛下）がなにもそこまでなさらなくともという声もあったが、その後もその姿勢が変わることはなかった。

平成7年に起きた阪神・淡路大震災のお見舞いの際には、美智子さまがその日の朝、御所の庭で自ら摘んだ水仙を被災現場のガレキの上にそっと置かれたり、お帰りのバスのなかから両手のコブシを振って、「がんばって」というジェスチャーで声援を送られたりしたお姿がどんなに人々を勇気づけられたことだろう。

そうした被災地だけではなく、各施設を訪問された際もお年寄りの手を握って励まされている。

また外国を訪問される際に事前に相手国の歴史や文化について勉強するだけでなく、晩餐会などでどなたがどのような装いで出席されるかまで調べ、決して衣装の色がダブらないように配慮されたり、その国のアクセサリーなどをさり気なく身につけたりされ、日本人が多い所では一度は必ず和服をお召しになった。

我が子の成長を思った優しさと厳しさ

こうした心配りは三人のお子様に対しても同じであった。長男の浩宮が生まれてすぐに新居の東宮御所が完成したが、その設計の段階から子供部屋の床は転んでも痛くないようにラバーにし、壁はいたずら描きできるようにビニール製にすること、小さくてもキッチンをつくって欲しいと要望された。

本来食事は宮内庁大膳課の調理人がつくるためキッチンは必要ないのだが、できるだけお子様の弁当をつくろうとされたのだ。もちろん公務でのお出掛けが多いため毎日とはいかず、下ごし

平成10年6月2日、デンマークを訪問された美智子さま。アンデルセン博物館を訪れ、出迎えた人たちに笑顔で応えられている。

らえは大膳課が用意したが、紀宮の弁当には必ず大好きなタラコが入っていたため「タラコ」とあだ名がつけられたこともあったほどだ。

また紀宮の描いた絵を窓辺に飾ったり、将来結婚して皇籍を離れる紀宮のために社会勉強もかねて二人だけの旅をして思い出づくりもされている。

しかし優しさだけではない。浩宮のしつけが必要な年頃になるとのちにマスコミが「ナルちゃん憲法」と名付けた育児メモを残し、お留守の間もお世話する人が美智子さまと同じに接することができるよう配慮された。

その一方で、食べ物の好き嫌いをなくすために、出されたものを全部食べ終わらない限り食堂から出さなかったり、玩具も自分で片付けるまでいっさい手を貸さない厳しさも見せられた。

これらはすべて皇太子殿下（現・上皇陛下）と相談された上での育児方針であったが、浩宮のために一年がかりでお二人だけで、庭先に砂場をつくられた。この砂場はその後生まれた礼宮、紀宮の良き遊び場ともなったが、三歳三カ月で親元を離され、多くの大人ばかりのなかで育てられた皇太子殿下はさまざまな場面で美智子さまに子育てについて相談されたことだろう。

決して投げ出さず努力を続けられるお姿

上皇陛下は美智子さまとの御結婚の際に、

語らひを重ねゆきつつ
気がつきぬ
われのこころに
開きたる窓

という歌を詠まれたが、恐らく御結婚後も美智子さまから世事について、多くのことを学ばれたことだろう。

そのことは御結婚満50年を迎えられた際の「本当に50年間よく努力を続けてくれました。その間にはたくさんの悲しいことや辛いことがあったと思いますが、よく耐えてくれたと思います。（中略）何でも二人で話し合えたことは幸せなことだったと思います」という天皇陛下（現・上皇陛下）のお言葉にも表れているが、陛下はその労をねぎらって、感謝状を贈りたいと述べられている。

美智子さまは皇太子妃、皇后時代にはいわれのない批判に苦しみ、一時は声を失うほどの強いショックを受けられたこともあるが、そんなときでも決して人をそしることなく、多くの方々に支えられてここまで来たのだと自省されていた。

「娘の目から見ると決して器用ではない皇后さまが困難なことに戸惑いながら投げ出すことなく最後まで考え続けて答えを出されるお姿は私に複雑さに耐えることと自分で考え続けることの意義を教えてくれた」という紀宮の言葉に美智子さまの生き方すべてが集約されているように思う。

多くのすぐれた歌を詠み、音楽や文学を愛し、人々に優しく接する美智子さまはまさに国母と呼ぶにふさわしい。

PROFILE

久能 靖（くのう・やすし）

昭和11（1936）年生まれ。東京大学卒業。日本テレビのアナウンサーとしてニュース部門を担当。東大闘争、成田闘争、浅間山荘事件などを実況中継。その後、報道部記者に転じる。皇室ジャーナリストとしても活躍。著書に『高円宮殿下』、『知られざる皇室　伝統行事から宮内庁の仕事まで』（ともに河出書房新社）など。

4章

御所での過ごされ方

2年ぶりの
ご訪問

公務から離れて一息

夏の最中に那須御用邸で静養される

2年ぶりのご訪問となった那須御用邸。
美智子さまはこの地で、心身ともに安らかなひとときを過ごされる。

那須御用邸にて
令和元年7月25日、嚶鳴（おうめい）亭周辺を散策されている上皇陛下と美智子さま。

自然豊かな栃木県那須町でのひととき

令和元年7月24日、栃木県那須町にある那須御用邸へ2年ぶりに訪れた美智子さま。野生のアカバナシモツケを見ながら庭を散策し、上皇陛下と会話を楽しまれた。

白内障の手術を受けたばかりの美智子さまは、この日、取材記者から体調について尋ねられると「ありがとう。無事にすみました」とお答えになった。

移居準備のために資料整理に明け暮れる日々から一転、自然豊かな那須町での安らかなひとときであった。

ハマギクを鑑賞される

平成28年9月29日、岩手県大槌町の「三陸花ホテルはまぎく」でハマギクを観賞される天皇陛下（現・上皇陛下）と美智子さま。

日々を
振り返る

お二人で朝夕にご散策

健やかな日々のために

ご散策に出かけ、思い出話に花を咲かすことがお二人の日課となっている。

散策に出かけられる
平成31年4月7日、早朝に皇居の外を散策される天皇陛下（現・上皇陛下）と美智子さま。お二人で皇居の外に足を運ばれた。

皇居の外まで出向かれたことも

退位前から、天皇陛下（現・上皇陛下）と皇居内を散策されるのがお好きだった美智子さま。退位直前の平成31年4月には、皇居外周をランニングする人々がいるなか、皇居の外に足を運ばれた。

そのとき天皇陛下（現・上皇陛下）はジャンパー姿、美智子さまは厚手のジャケットを着用。お二人は北の丸公園側の北桔橋《きたはね》から歩いて皇居の外へ出られ、散り始めのソメイヨシノやちょうど見ごろを迎えていたシダレザクラ

桜の木の下を歩かれる
平成31年4月7日、皇居の外を散策される天皇陛下（現・上皇陛下）と美智子さま。散策などをされながら、お二人でお過ごしになっている。

をご覧になり、１２０メートル先の乾《いぬい》門から戻られた。

令和2年3月31日に仙洞仮御所へ移った後も、上皇陛下との朝夕の御所内の庭の散策を日課にされている。

散策中の話題は お二人のこれまでのこと

ご散策中には、これまでの日々を振り返られることが多いという。

たとえば、徳仁さまご出産から7カ月後の昭和35年に行われたアメリカ各州へのご訪問。その後の11月12日から12月9日にかけて、イラン、エチオピア、インド、ネパールへのご訪問。

また、お心を尽くしてお務めされた宮中祭祀。昭和天皇や香淳皇后と過ごされた日々。そして、国民学校時代に同じ国定教科書で学ばれた「巻雲《けんうん》」という雲や「野菊」という唱歌のことなどを、懐かしそうに話されている。

家族を思う

朝食後にお二人で「音読」をされる

変わらない夫婦の日課

上皇陛下に寄り添われてきた美智子さま。令和となった今も、お二人はかけがえのない時間をともに過ごされている。

エプロンをお召しに
東宮御所でキッチンに立つ美智子さま。昭和36年10月20日の誕生日に際して撮影された。（宮内庁提供）

朝食後はお二人で必ず音読タイム

美智子さまは毎日、朝食をすませた後の時間に、上皇陛下とご一緒に1冊の本を交互に音読されるという。これは、平成の早い時期から始められたことで、現在も続けられている。

音読の際には、全11冊からなる詩人・大岡信氏の『折々のうた』（岩波新書）やフランスの哲学者パスカル氏の『パンセ』、文芸評論家である山本健吉氏の『ことばの歳時記』（角川ソフィア文庫）などを読まれている。

仙洞仮御所内ご散策
令和２年11月24日、仙洞仮御所内を散策され、バラを観賞される上皇陛下と美智子さま。（宮内庁提供）

3度のお食事はお二人揃って

美智子さまは一日の大半を、上皇陛下に寄り添ってお過ごしになっている。

美智子さまご自身も決して万全な体調ではないなか、上皇陛下がご不自由を感じることがないよう、また、日々を楽しく過ごせるよう気遣われ、日々を過ごされている。

お食事については、昭和、平成から続いて、今でも、必ず上皇陛下と二人お揃いで3食を召し上がるという。

終日、献身的に上皇陛下を支え、「こうしたときのためにこそ自分がいるのだから」とおっしゃる美智子さま。

上皇陛下だけでなく、ご家族についても、ご健康を願い、いつもそっと見守られている。

本への
愛着

探偵小説をご愛読

ウッドハウスの探偵小説を楽しまれる

平成の終わりが見えてきたころ、その後について、美智子さまが語られたのは、読書の時間への期待であった。

『はじめての やまのぼり』
平成3年6月に発刊された『はじめての やまのぼり』。紀宮さま（現・黒田清子さん）とはじめて山登りしたときの思い出をもとに、美智子さまがストーリーを綴られた。文章は昭和50年に書かれており、その後、皇太子殿下（現・上皇陛下）と美智子さまが北欧四カ国公式訪問の準備されている際に出会われた画家・武田和子さんが7年をかけて絵を描き、絵本として完成した。

手つかずの本を読まれる

本への愛着が深い美智子さまだが、探偵小説好きとしても知られている。

平成30年10月、84歳のお誕生日に際しては、公務を離れた後の楽しみについて尋ねられ、次のようにお答えになっている。

「これまでにいつか読みたいと思って求めたまま、手つかずになっていた本を、これからは1冊ずつ時間をかけ読めるのではないかと楽しみにしています。読み出すとつい夢中になるため、これまで出来るだけ遠ざけていた探偵

国際児童図書評議会
平成25年12月3日、インド・デリー市で開催された国際児童図書評議会（IBBY）に参加された美智子さま。その関係者たちと懇談されている。

小説も、もう安心して手許に置けます」

このときに一例として挙げられていたのが、『ジーヴス』だった。

ジーヴスは、イギリス人ユーモア小説家のP・G・ウッドハウスによる探偵小説の主人公。本国イギリスではエリザベス女王やアガサ・クリスティーも愛読していたといわれる。

刊行する国書刊行会では、美智子さまのご発言以降、同小説の大量の注文が舞い込んだという。

児童文学は世界への架け橋になる

美智子さまは、ご自身が子どものころに読まれた児童文学が世界を知る機会になったと述べられている。

児童文学にも造詣が深い美智子さまは、平成3年に『はじめての やまのぼり』（至光社）という絵本を出版されている。同作は後に翻訳され、海外でも出版されている。

寄稿

〚国民とともに歩む〛

上皇后として次なる時代へと襷をつなぐ

著・小田部雄次（静岡福祉大学 名誉教授）

皇太子妃として皇族に入られてから62年。令和３年には米寿をお迎えになる美智子さま。ここまで歩まれてきた道のりには、喜ばしい出来事だけではなく、心を痛めるような出来事もあられたであろう。それでも常に、国民の心に寄り添われている。

皇室の歴史上はじめての称号

令和元年5月1日、前日に退位した平成の天皇陛下が上皇陛下となり、美智子さまは上皇后となった。上皇后という称号は、皇室の歴史上はじめてである。かつては天皇が崩御あるいは退位した場合などに、皇后は皇太后と称された。

明治以後は、皇位の継承は天皇の崩御後と定められており、寡婦となった皇后はみな皇太后と称された。

つまり明治、大正、昭和の三代の皇后たちは、昭憲皇太后、貞明皇后、香淳皇后の諡《おくりな》（崩御後に贈られた称号）を得るが、寡婦として存命中は皇太后と称された。

天皇が生前退位した場合、上古のように、退位した天皇、すなわち太上天皇（上皇陛下）による「院政」が敷かれ、ややもすれば「二重権威」となる

平成10年6月3日、デンマークを訪問されたときの天皇陛下（現・上皇陛下）と美智子さま。コペンハーゲン市主催の歓迎午さん会に参加された。

と懸念する声もあった。

こうした懸念に配慮して、退位した天皇とその配偶である皇后の称号にかつての歴史上の用語とは違う意味を持たせ、天皇は上皇と称するも、太上天皇の略称としての上皇ではなく上皇という固有の正式名称とした。皇后は、皇太后の称号にある寡婦のイメージを避ける意味もふくめ、従来の皇太后とは別の新たな呼称である上皇后とした。

美智子さまは、昭和の皇太子妃の時代には皇太子殿下（現・上皇陛下）とともに親善外交につとめ、平成の皇后の時代には天皇陛下（現・上皇陛下）とともに、親善外交のほか全国植樹祭などの四大行幸啓、被災地慰問や慰霊地訪問はじめ多くの公務をこなし、皇室がめざす「開かれた皇室」「国民とともに歩む皇室」を精力的に支えた。

しかし、令和の新時代を迎え、そうした公務はなくなり、外出の機会は減った。また、皇后として担った養蚕も、新皇后が引き継いだ。

上皇陛下と美智子さまは令和元年6月に、京都府に行幸啓するが、孝明天皇山陵や明治天皇山陵に退位を奉告するのが目的であり、いわゆる四大行幸啓とは異なる。

また同年7月には栃木県の那須御用邸に、8月には長野県と群馬県に、静養のため滞在した。

さらに令和2年3月に神奈川県の葉山御用邸と栃木県の御料牧場に滞在した。これは上皇陛下と美智子さまが仮住まい先となる東京都港区の高輪皇族邸に転居するための引っ越し作業にともなう荷物などの移動のためであった。

ほかにも、令和元年6月に退位奉告のために武蔵陵墓地の大正天皇山陵、桂宮宜仁親王五年式年祭参列のため豊島岡墓地、令和2年10月に明治神宮鎮座百年祭参拝のため明治神宮などを訪れたが、公務というよりは、儀式であった。

令和元年5月1日から令和3年7月6日までの上皇陛下と美智子さまの主な外出としては、いくつかの音楽会や舞台演劇の鑑賞があった。

文化やスポーツに触れ国民に寄り添う日々

令和元年5月24日の新宿区の東京オペラシティコンサートホールでの第21回別府アルゲリッチ音楽祭をはじめ、同年10月には千代田区の国立劇場で琉球舞踊「志田房子・真木の会」を、11月には港区のサントリーホールでのベルリン・フィルハーモニー管弦楽団来日公演などを訪問した。

また令和元年11月1日には調布市の東京スタジアムでラグビーワールドカップの2019日本大会3位決定戦を観戦した。同月6日には、千代田区の国立公文書館での天皇陛下御即位記念「行幸——近現代の皇室と国民——」、同11日には、台東区の東京国立博物館での御即位記念特別展「正倉院の世界——皇室がまもり伝えた美」に足を運んだ。

美智子さまお一人でのお出ましもあり、令和元年7月5日に渋谷区の「Bunkamuraオーチャードホール」での「小児がん征圧キャンペーン・チャリティーコンサート」に臨席した。

同年8月27日には群馬県草津町の草津音楽の森セミナーハウスⅡでの「第40回草津夏期国際音楽アカデミー&フェスティヴァル」に参加している。

これらは小規模な催し物などへの外出であるが、国際親善や国民とのふれあいをめざす皇室の歩みにそくした活動でもあった。

外出はしないが、お住まいの吹上仙洞御所や仙洞仮御所で欠かさず行っていたのは、「日本人として忘れてはいけない4つの日」と平成の大震災の日の黙禱である。

「日本人として忘れてはいけない4つの日」は、昭和56年8月7日に行われた記者会見で、当時、皇太子殿下であった上皇陛下が、6月23日の沖縄県慰霊の日、8月6日の広島原爆の日、8月9日の長崎原爆の日、8月15日の終戦記念日には、家族で黙禱を捧げていると語った日である。

この4つの日の黙禱は、天皇、皇后時代にもなされ、上皇、上皇后となられてからも続けられている。

令和元年6月23日の沖縄県慰霊の日は、美智子さまは白内障手術で入院中の東京逓信病院で、上皇陛下は吹上仙洞御所で黙禱した。同日、新天皇・皇后や愛子内親王もお住まいの赤坂御所（もとの東宮御所）で黙禱している。

平成の大震災の日は、主に平成7年1月17日の阪神・淡路大震災と、平成23年3月11日の東日本大震災の2つの日だ。

震災当時の惨状が今も深く刻まれている

かつて皇室では大正12年9月1日の関東大震災を「震災の日」として特に記憶して、罐詰《かんづめ》やおにぎりなどの粗食で昼飯をとるなどの慣行があったが、平成時代にはマグニチュード7以上の大地震が5つもあり、そうしたなかでも、阪神・淡路大震災と東日本大震災は最大級のものであった。

この2つの大震災のみならず、多くの被災地に足を運んだ上皇陛下と美智子さまの胸中には、震災当時の多くの惨状が今も深く刻まれているのである。

上皇后として充実した日々を迎えるために

ところで、令和元年に美智子さまは3度の手術をした。

6月16日と23日の白内障手術と、9月8日の乳がん手術である。手術は無事に成功したが、代替わりのころから美智子さまは息切れの症状があり、手術の血液検査の際に心不全がわかり、中等度の三尖弁逆流症、軽度の僧帽弁逆流症および不整脈が認められた。

令和になって上皇陛下と美智子さまが公の場にはじめて姿を見せたのは、令和2年1月2日の皇居での一般参賀であったが、白内障の術後を思わせるサングラスが印象的だった。サングラスは乳がん手術後の嘔吐によるやつれ顔を隠す意味もあったと伝えられる。

さきにもふれたが、平成の天皇・皇后の住まいであった吹上御所は、代替わりにより吹上仙洞御所と名称を変え、一方、新天皇・皇后の住まいである東宮御所は赤坂御所と名称を変えた。

そして上皇陛下と美智子さまが赤坂御所に移転し、新天皇・皇后が新御所に移転するには、それぞれの御所の改築が必要であり、上皇陛下と美智子さまは、港区高輪の「仙洞仮御所」（高輪皇族邸）に仮転居した。

そして、この転居作業には、在位した30年間に増えた荷物の整理がともなった。その量は2トントラック延べ100台分ともいわれる。

これらの荷物の約6割は私物であるが、なかには、英国のエリザベス女王からのボウル、オランダのベアトリクス女王からの花瓶など、外国訪問時や来日した王室・賓客からのプレゼント、即位などの祝い品、献上品など貴重な品々も多い。そのため整理は難しく、退院したばかりの美智子さまは、朝から夜まで働き、微熱まで出たと伝えられる。皇太子妃と皇后の時代につちかったよしみを長く大切にしたいと思うからでもあろう。

上皇陛下を思い いつもお隣で支えられる

上皇后となられてからの主な日課は、転居に向けた整理のほか、上皇陛下とともに早朝散歩をしたり、朝食後に一緒に山本健吉『ことばの歳時記』など一冊の本を交互に音読したりしている。美智子さまは読書好きであり、「公務を離れたら読書を楽しみたい。ジーヴスも二、三冊待機しています」と語っていた。

コロナ禍で、美智子さまは上皇陛下への感染なども配慮して、外出は仙洞仮御所内の庭の散歩と、宮内庁病院への通院のみである。友人の弔問のため半年ぶりで外出した際も15分だったという。側近との話も最低限ですませている。長女の黒田清子さんと会う機会も減った。ほかは、上皇陛下とともに人事異動者へ拝謁する程度である。

コロナワクチンの接種については、国民よりも優先的に接種することを固辞した。他方、アナフィラキシーなどの副反応を憂慮したが、上皇陛下と美智子さまが接種しないと国民に不安も生まれるので、接種した事実をあえて公表した。上皇后となって国民とふれあう機会は減っても「国民とともに歩む」皇室としての姿勢は続いている。

PROFILE

小田部雄次（おたべ・ゆうじ）

昭和27（1952）年生まれ。立教大学大学院文学研究科博士課程単位取得。専攻は日本近現代史。現在は、静岡福祉大学社会福祉学部名誉教授。これまで『明治天皇　その生涯と功績のすべて』（監修、宝島社）や『百年前のパンデミックと皇室』（敬文舎）などのほか、『皇族に嫁いだ女性たち』（KADOKAWA）、『李方子』（ミネルヴァ書房）など皇族女性に着目した著書も多い。

5章

皇太子妃としての可憐な装い

新生活に向けて

憧れのまなざしを向けられる

皇太子妃として歩み始める

民間出身の皇太子妃として、
国民の憧れと期待を背負い新たなる一歩を踏み出された。

婚約決定後の記者会見
昭和33年11月27日、皇太子殿下（現・上皇陛下）との婚約が決まった後、両親とともに記者会見する正田美智子さん。

史上はじめての民間出身の皇太子妃となる

昭和33年11月27日、皇室会議が開かれ、皇太子殿下（現・上皇陛下）と美智子さまのご結婚が決定された。24歳で皇室に入られた美智子さまは、史上はじめての民間出身の皇太子妃となり、国民の憧れの的となった。

翌日からは、これから親族になる宮家への挨拶まわりが行われた。

当時の写真を振り返ると、玄関先での慌ただしい様子などがうかがえ、多忙なスケジュールであったことが伝わってくる。

皇居に向かう装いを整える
昭和33年11月27日、皇太子殿下（現・上皇陛下）との婚約正式決定を受け、装いを整える正田美智子さん。

決意と覚悟

皇室に入ることへの思い

皇太子殿下への思いを御歌にのせて

質素で合理的な生活環境で育った美智子さまは、「いのちの旅」に向けて新たな決意をする。

ご結婚が決まる
昭和33年11月27日、皇居で、天皇皇后両陛下（昭和天皇ご夫妻）にあいさつをされた後、宮内庁玄関で両親とともにカメラマンの注文に快く応じて、撮影をすませた正田美智子さん。

質素で合理的な生活を家風としていた

お二人のご結婚が報じられると、美智子さまの実家である正田家には、毎日のように全国各地からお祝いの品が届いたという。

しかし、正田家では、これらの品を受け取ることを丁寧に辞退された。資産家でありながら、質素で合理的な生活を家風としていた正田家の人柄が垣間見えるエピソードである。

ご決意を御歌にのせて送られる

自宅に戻られる

昭和33年11月27日、皇居で天皇皇后両陛下にあいさつをされた後、自宅に戻った正田美智子さんと両親の英三郎さん、富美子さん。

皇太子妃となる女性が東宮御所に上がる際の儀式として、ご成婚前に皇太子殿下と恋歌を交換する「贈書のこと」というものがある。美智子さまは、この歌に、皇室という未知の世界に足を踏み入れる覚悟を込められた。

たまきはる
いのちの旅に　吾を待たす
君にまみえむ　あすの喜び

この歌は、皇太子殿下（現・上皇陛下）に対し、「いのちがけであなたさまのもとに参ります」という意味が込められている。美智子さまは皇太子殿下との長いご結婚生活を「いのちの旅」と表現され、皇太子殿下のもとに上がる喜びを詠まれた。

美智子さまの慈愛に満ちた御歌は、多くの国民から親しまれ、平成29年には、翻訳された歌集がドイツでも出版されている。

美しい伝統

雅やかな結婚の儀

代々受け継がれていく十二単を身にまとう

できるだけ質素にというご意向で袴のみを新調された美智子さま。2時間以上かけてお召し替えされたお姿は上品で美しい。

納采の儀の装い

昭和34年に撮影された納采の儀の際の衣装・四君子、総模様の振り袖姿の正田美智子さん。(宮内庁提供)

香淳天皇から受け継いだ十二単をお召しになる

皇太子殿下（現・上皇陛下）と美智子さまの結婚の儀は、昭和34年4月10日に執り行われた。

宮中では、古来より、女性の婚礼の際には宮廷衣装として十二単《ひとえ》をまとうことが習わしとなっている。

美智子さまは、香淳皇后から受け継いだ雅やかな十二単をお召しになった。できるだけ質素にというご意向により、袴のみを新調し、それ以外のすべての羽織は香淳皇后やほかの宮家から拝借したのである。

十二単をお召しのお姿
昭和34年4月号の『アサヒグラフ 臨時増刊 皇太子御結婚記念画報』の扉に掲載された黄丹袍の皇太子殿下（現・上皇陛下）と十二単（五衣、唐衣、裳）をお召しの美智子さま。

お召しの十二単は総重量で約15kgにもなった

十二単の色合いや文様は、昭和天皇が即位した際に、女性皇族が共有してあつらえたものが引き継がれており、天皇陛下の即位の礼でも、秋篠宮の眞子さまや佳子さまらが着用されている。

一番上に羽織る唐衣は、紫の亀甲文様に白の雲鶴模様が浮き出たデザインとなっていて、「鶴は千年、亀は万年」という言葉があるように、おめでたいときに使われる縁起のいい柄となっている。

お召しになった十二単は総重量で約15kg、2時間以上かけてお召し替えされたという。

その後、お二人はご結婚を皇祖天照大神に報告するために、4月18日に伊勢神宮を参拝し、翌19日には天武天皇に報告するために陵墓とされる奈良の畝傍山東北陵に参拝した。

伝統と気品

結婚の儀・朝見の儀

ティアラを身につけたお姿

無限の成長を意味する吉祥文様の唐草がデザインされたティアラ。ティアラのダイヤなどは香淳天皇が使われたものをお祓いし、飾っている。

馬車に乗る美智子さま
昭和34年4月10日、結婚の儀を終えた皇太子殿下（現・上皇陛下）と美智子さま。馬車で東宮仮御所へ向かわれる。

唐草模様のティアラを身につけられた結婚式

皇后が大事な儀式に臨む際に、最高礼装の頭上を飾る煌《きら》びやかなティアラは、皇室の権威の象徴である。

美智子さまがご結婚式当日に着用されたティアラは、当時、御木本真珠店の意匠部に所属していたジュエリーデザイナー・田尻克己さんがデザインしたもの。1000個以上のダイヤがちりばめられ、無限の成長を意味する吉祥文様の唐草がデザインされている。

ティアラの制作に使用したダイヤなどの素材は、すべて香淳皇后が使われ

朝見の儀を終えて

昭和34年4月10日、朝見の儀の後、記念撮影をされる。左から昭和天皇、皇太子殿下（現・上皇陛下）、美智子さま、香淳皇后。（宮内庁提供）

たものをお祓いし、活かしたもの。ティアラにあわせた首飾り、ブローチ、ブレスレットもセットでつくられ、純白の花嫁姿を彩った。

あまり派手せず シンプルなデザインで

皇太子妃の第一ティアラは、サイズ調整などを経て、香淳皇后、美智子さま、雅子さまと代々受け継がれていく。平成5年、雅子さまは美智子さまのご成婚パレードの際には、美智子さまの「あまり派手にせず、シンプルなデザインのままで」という意向を汲んで、このティアラがそのままのデザインで受け継がれた。

令和元年には、即位後朝見の儀に臨む紀子さまがこのティアラを着用されている。

可憐なお姿

厳かに行われた納采の儀

豪華なお着物に袖を通されて

ご結婚に先がけて一般家庭の結納にあたる納采の儀が行われ、美智子さまは豪華絢爛な衣装をお召しになった。

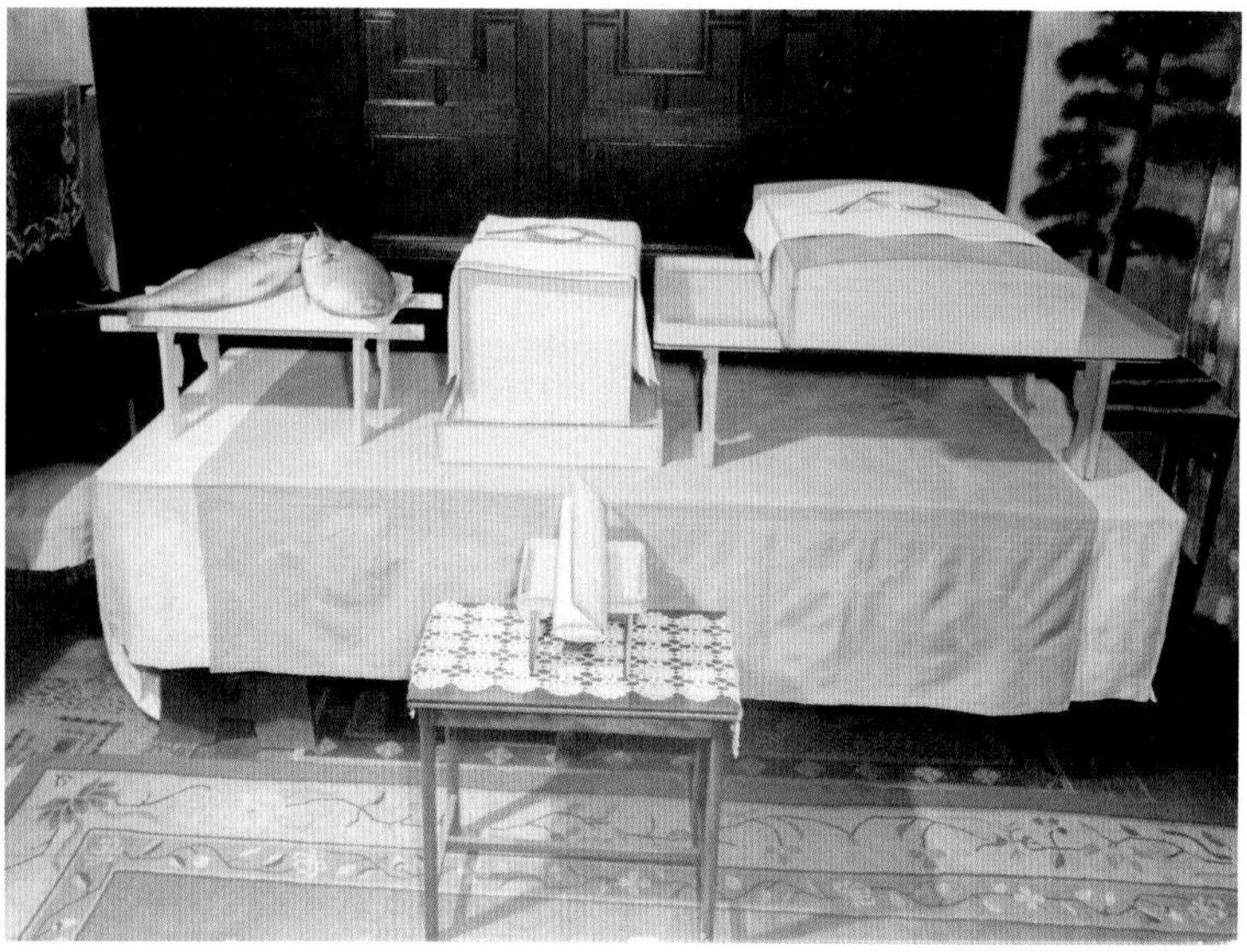

結納の品々が贈られる
昭和34年1月14日、皇太子殿下と正田美智子さんの「納采の儀」が行われた。美智子さんには、結納の品々が贈られた。左から鮮魚（タイ）、清酒、絹服地。手前の台上は目録。

新皇太子妃にふさわしい華やかな婚礼衣装

一般家庭の結納にあたるのが「納采の儀」。これは、西暦300年ごろ、第16代仁徳天皇の時代から行われてきた、きわめて古い歴史と伝統を有する儀式である。

皇太子殿下（現・上皇陛下）と美智子さまの納采の儀は、昭和34年1月14日に行われた。

宮中からご実家である正田家へ使者が訪れ、納采の旨を伝えて供物（絹服地5本、清酒6本、魚のタイ1折）を進呈すると、美智子さまは「謹んでお

納采の儀
昭和34年1月14日、納采の儀に臨む正田家。左から、英三郎さん、富美子さん、美智子さん。

受けいたします」とお応えになられた。

美智子さまがお召しの四君子の総柄の本振袖

納采の儀において、美智子さまは繊細な御所解文様を手描き友禅で染め上げた四君子の総柄の本振袖を着用された。

四君子とは、菊・梅・竹・蘭をすべて使った図柄のことで、君子とは徳と学識を備えた高潔な人を指す。この4つの植物が君子の特性を持つことから、四君子と呼ばれている。

帯は錦織の華やかな丸帯で、金糸刺《し》繍《しゅう》が施された白の丸ぐけの帯を上品にあわせられた、品格のあるコーディネートだった。

納采の儀が終わると、美智子さまのお妃教育が始まり、ご多忙なスケジュールのなかで、皇太子妃としての心得を学んでいく。

女性の憧れ

一躍〝時の人〟となられた美智子さま「ミッチー・ブーム」が到来

お二人の出会いからご婚約までのロマンスは世間の反響を呼び、ミッチー・ブームなる流行も現れた。

自由恋愛で誕生したプリンセス

軽井沢のテニスコートで出会い、皇太子殿下（現・上皇陛下）からのアプローチで、皇室へ嫁ぐこととなった美智子さま。

当時、一般国民の間でもお見合い結婚が主流だった時代に、民間の女性がテニスコートでの自由恋愛を経てプリンセスになるというストーリーは、とてもロマンあふれるものであり、多くの国民を惹《ひ》きつけた。

当時の女性たちの憧れの的となり、ミッチー・ブームが巻き起こった。

『アサヒグラフ』に掲載

『アサヒグラフ』昭和34年４月12日号に掲載された東京にある百貨店主催のティーン・テニス練習会。

テニスを楽しむ

昭和33年12月6日、東京・麻布の東京ローンテニスクラブでテニスをする美智子さま。ご婚約された皇太子殿下（現・上皇陛下）とペアを組んだ。

美智子さまの青春の日々

活発な少女だった正田美智子さん

現在は慎ましやかなイメージが強い美智子さま。しかし、少女時代は非常に活発で活動的だったという。

幼少期の美智子さま
砂遊びをする2、3歳のころの正田美智子さん（左）といとこの正田紀子さん（右）。

少女時代は成績優秀でスポーツもお得意だった

美智子さまは、日清製粉グループの会長・正田英三郎さんと妻の富美子さんの間に長女として生まれた。

小学校時代はとても活発で、スポーツが得意な健康的な少女だったという。カトリック系の名門である雙葉学園雙葉小学校を経て、聖心女子学院中等科へ進学。

その後高等科を経て、聖心女子大学文学部外国語外国文学科を首席で卒業された。

高校時代の美智子さま
昭和28年、高校生活もあと十数日のころの正田美智子さん。自家用車の車窓から顔をのぞかせている。

季節を感じて

皇太子妃の雅やかなお着物

四季の花々があしらわれたお召し物

美智子さまのお召しになるお着物の特徴として、花々をあしらったものが多いということが挙げられる。

花柄模様のお着物

昭和37年10月、28歳の誕生日を迎える美智子さま。

天皇家の象徴 菊の花をあしらう和服姿

着物のコーディネートは自分で考えることが多いという美智子さま。四季にあわせた草花が描かれたものを召されたお姿をたびたび拝見する。

特に、天皇家の象徴である菊花を思わせる柄をお召しのことが多くある。

ご結婚前、昭和33年の皇室会議でお二人のご結婚が決定されたときは、菊や牡丹などが紅白の紐で束ねられた江戸小袖うつしの中振袖をお召しだった。四季折々の花々が、美智子さまの若々しさをより一層引き立てていた。

皇室会議当日のお姿

昭和33年11月27日、皇室会議で全会一致で皇太子殿下（現・上皇陛下）との婚約が決まった美智子さま。菊、牡丹、藤など四季折々の花が、刺繍や疋田染めで描かれた中振袖をお召しになっており、とても若々しい印象を与える。

色彩艶やかで大胆な波模様

昭和34年４月27日、ご実家の正田家前で、ご両親の正田英三郎さんと富美子さんに出迎えられる美智子さま。

よいものを長く着る物を大切にする日本の心

資産家でありながら質素で堅実な家風で知られる正田家。母の富美子さんは、長女の美智子さまに対して、教育には不自由させない代わりに、着るものや食べ物に関しては、贅沢をさせなかったという。

そんな家で育った美智子さまは、着物をあつらえるときは必ず、仕立て直しができるかどうかを確認していた。

昭和34年4月27日、正田家へ里帰りされた美智子さまは、トルコブルーの鮮やかな本振袖をお召しになった。その後、はじめての公務でアメリカへ訪問された際や、イラン、エチオピア、インド、ネパールに訪問された際は、このトルコブルーの着物の振袖丈を詰めて訪問着に仕立て直し、着用したという。

メキシコご訪問

昭和39年、メキシコを訪問された皇太子殿下（現・上皇陛下）と美智子さま。白地に花があしらわれた着物をお召しになっている。

上品さと親近感

ご家族とともに過ごす時間

活動的でファッショナブルなお姿

美智子さまはお子さまを出産されてからも、センスあふれるファッションで世間の注目を浴びた。

礼宮さま６歳の誕生日

昭和46年11月、礼宮さま６歳の誕生日を迎える際に撮影された。左から礼宮さま、浩宮さま、紀宮さま、美智子さま、皇太子殿下（現・上皇陛下）。（宮内庁提供）

親近感のあるファッション

昭和34年、美智子さまが第一子をご懐妊された。美智子さまは体を気遣い、葉山の散策に行く際、フラットで歩きやすいサドルシューズを履いて出かけられるようになった。

サドルシューズは、昭和25年ごろに英国で生まれた靴で、進駐していた米軍が日本に持ち込んだものである。

そのサドルシューズを美智子さまが妊娠中に取り入れたことが女性の間でたちまち話題になり、注目の的となった。

礼宮さまを抱く美智子さま
昭和40年、新年紙面用に撮影された礼宮さまを抱く美智子さま。

礼宮さま1歳の誕生日
昭和41年11月30日に初誕生日を迎え、お手玉をする礼宮さまと、一緒に遊ぶ美智子さまと浩宮さま。

活動的で上品なパンツスタイルを着こなす

何かと活動的になる子育て中は、やはり動きやすいパンツスタイルを好む人も多いだろう。

昭和40年代、イヴ・サンローランがコレクションで発表したパンタロンを、美智子さまはいち早く子育て着として取り入れた。

ご静養先の奥浜名湖を親子で散策される際は、袖口とウエストを絞ったブルゾンに、共布のパンタロンをあわせた活動的なスタイルで過ごされた。

グレーのパンタロンに白い靴という上品な配色は、美智子さまの持ち前のセンスを感じさせる。

また、休暇中も常に皇族としての品位を見せるコーディネートは育ちのよさをも感じさせるものである。

美智子さま36歳の誕生日

昭和45年10月、紀宮さま（現・黒田清子さん）とくつろぐ美智子さま。36歳の誕生日に際して撮影された。

上野動物園ご訪問

昭和38年11月、上野動物園を訪問された浩宮さま（現・天皇陛下）と美智子さま。浩宮さまは、はじめて訪れた上野動物園で、おサル電車を楽しまれている。

ドット柄のワンピース

昭和38年7月、浩宮さま（現・天皇陛下）とともにご静養先の軽井沢に向かわれる美智子さま。ジャケットを活用すれば、ご公務の装いとしても着回せそうな水玉のノースリーブワンピースをお召しになっている。

東宮御所ご散策

昭和41年3月、東宮御所の庭を散策する皇太子殿下（現・上皇陛下）と美智子さまと浩宮さま。浩宮さまは4カ月の礼宮さまが乗ったベビーカーを押している。（宮内庁提供）

日本の伝統を伝える

外国ご訪問時の装い

訪問国の期待とリクエストに応えて

ご公務で外国をご訪問される折にはお着物を多数持参され、美智子さまの和装をリクエストする声に応えられた。

イランご訪問
昭和35年、テヘランにあるアブドル・レザー殿下の宮殿に招かれた皇太子殿下（現・上皇陛下）と美智子さま。

外国で評判の高い「着物」文化を広める

皇太子妃としての人生を歩みだした美智子さま。ご結婚の翌年からは、公務で外国を訪れるようになる。

皇族の正装には勲章の着用が必須であるため、本来、正装をしなければいけない場面では、「洋装」が義務づけられている。

しかし、外国から見た日本の着物はとても美しく、惹かれるものがあるようで、公務で外国を訪れる際、訪問先の国から「ぜひ和装で来てほしい」と頼まれることもしばしばあったという。

メキシコご訪問
昭和39年5月、メキシコを訪問された美智子さま。若草色のぼかしの訪問着をお召しになり、ロペス・マテオス大統領（当時）などと談笑された。

リクエストに応えるため 17着の着物を持参した

そんなリクエストに応えるために、公務で外国を訪れる際は、着物を持っていくスタイルが定着しているという。はじめての外国訪問となった昭和35年のアメリカ訪問では、美智子さまがご自身で選ばれた17着の着物を持参した。

道中は動きやすい洋装を着用して、晩さん会以外の行事はすべて、着物を着用したという。

当時はまだ日本文化に馴染みの薄かったアメリカへ、皇太子ご夫妻が訪れたことは、両国の親睦を深めるうえできわめて大きな意味を持った。

相手の立場にあわせて 着物をお選びに

その後、昭和35年11月から12月にかけて、イラン、エチオピア、インド、

インドご訪問

昭和35年12月、インドを訪問された皇太子殿下（現・上皇陛下）と美智子さま。プラサド大統領（当時）主催の園遊会に和装で参加された。

ネパールを訪問された。

イランでは薄紅色の生地に一面の総絞りで、日本を代表する菊の花が染め出された着物を着用。帯は中近東が起源とされる唐草模様の袋帯を締めた。

インドでは東洋的な花を大胆に染め上げた訪問着を召され、まだ日本文化が浸透していなかったインドの人々に鮮烈な印象を与えた。

常にご自分の立場とお相手の気持ちを考える美智子さまは、国ごとに心配りをされた着物を選んでいる。

米国ご訪問
昭和62年10月、米国を訪問された際の美智子さま。ストーンリッジ聖心女学院を訪問され、拍手を送られた。

装いの定番

美智子さまの素敵な小物

小皿帽にまつわるエピソード

よくお召しになる丸型のお帽子、通称「小皿帽」には、美智子さまのお心配りが垣間見えるエピソードがある。

米国ご訪問
昭和62年10月9日、ニューヨークのハーレム地区を訪問された皇太子殿下（現・上皇陛下）と美智子さま。同地区再開発プロジェクト「ハーレム・オン・ザ・ハドソン」計画の説明を聞かれている。

伝統技術を取り入れた美智子さまの定番スタイル

ひと目で「美智子さまらしい」と思わせるような、ファッションの定番をいくつもお持ちの美智子さま。その代表がケープスタイルや小皿帽だ。

日本古来の伝統技法である「ぼかし染め」「佐賀錦」「鬼しぼ縮緬《ちりめん》」などの素材を使ったお召し物も美智子さまの定番といえる。

着物の帯を思わせるようなサッシュベルト、歌舞伎の衣装を思わせる片身替わり。また、縹《はなだ》色から白、茜《あかね》色から白、鬱《う》金《こん》色からオフホワイトなど、

つくば万博ご訪問

昭和60年3月15日、筑波万博に訪問された皇太子殿下（現・上皇陛下）と美智子さま。白とグレーの洋装に白い小皿帽を合わせられている。

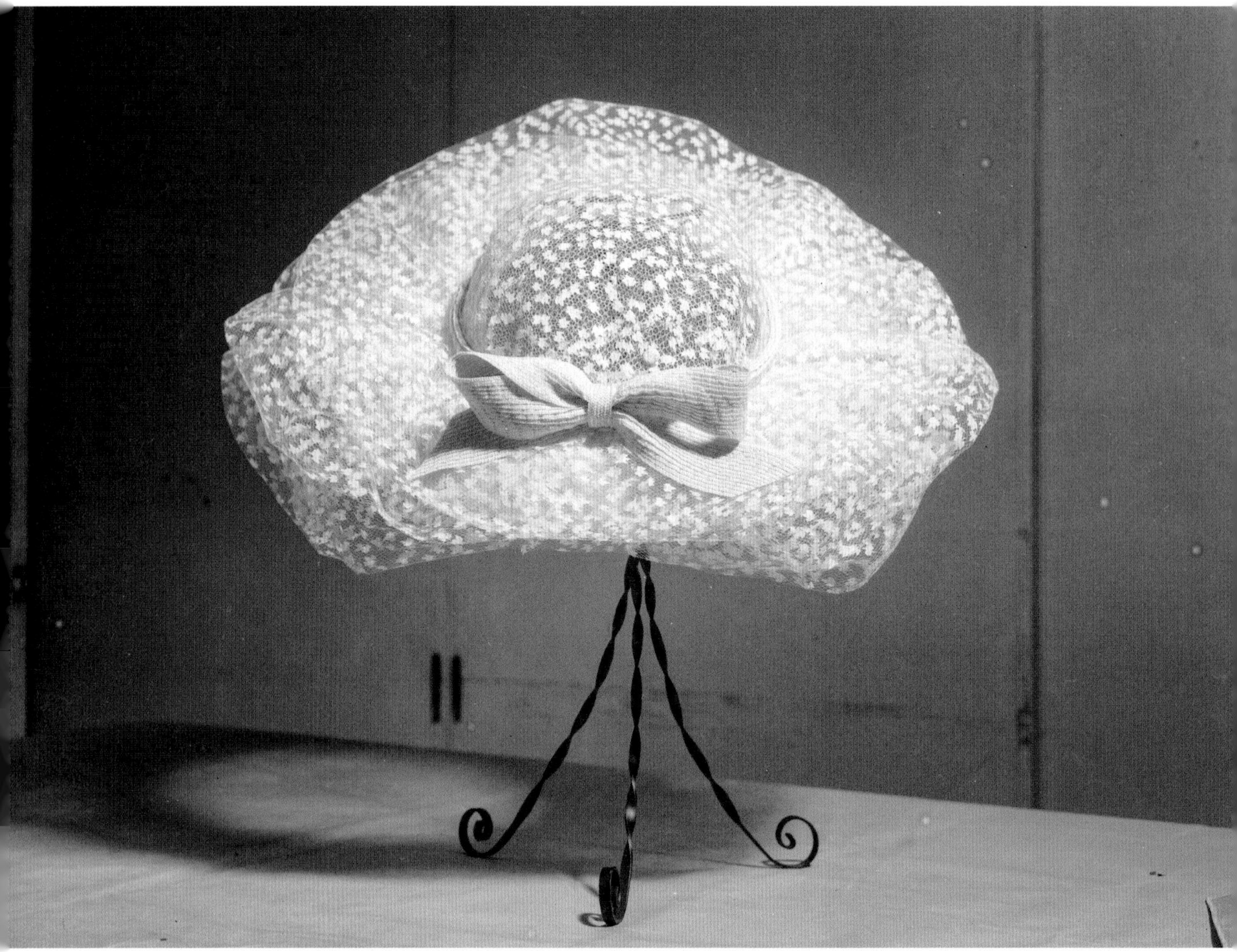

ベル・モードの帽子
帽子専門店ベル・モードが納めた美智子さまの帽子。つばの広いグランドキャップリング型。

色の変化で伝統を表現しながらも、美意識を大切にされているお姿が表れている。

日本の伝統を世界に発信しながら、素敵な装いをつくられている。

トレードマークのお帽子に秘められた優しさ

着回し上手な美智子さまは、小物使いもとてもお上手である。コサージュやブローチを効果的に使ってコーディネートに変化をつけている。

貴婦人の洋装に欠かすことのできない帽子だが、つばが広くなってしまうと、どうしても人々との触れ合いのなかでは邪魔になってしまうことがある。お顔をひと目見たいと思って訪問した国民やカメラマンは、残念に思ってしまうこともあるだろう。

そんな気持ちに配慮して、つばが邪魔にならないよう、小皿のようなデザインの帽子をデザイナーにリクエスト

ご愛用のビニール傘
平成25年7月5日、美智子さまの思いから、工夫をこらしてつくられたビニール傘を使われる天皇陛下（現・上皇陛下）と美智子さま。

したという。

身につける小物ひとつとっても、美智子さまの優しさがあふれている。

皇室の気品を保ちながら工夫をこらした愛用の傘

美智子さまの優しさが垣間見えるのは、帽子だけではない。

雨の日の園遊会などで用いられる傘についても、「お顔がよく見え、見通しがよくなるように」と考えられていた美智子さま。

以前からビニール傘にとても興味を持たれていたものの、ビニール傘というと、「使い捨て」のようなイメージがあり、気品あふれる皇室とはかけ離れた印象となってしまう。

そんな美智子さまの思いが届き、平成22年の全国植樹祭での出会いをきっかけに、ホワイトローズという雨具メーカーに、透明傘の開発の話が持ち込まれたのだった。

ミッチースタイル

美智子さまのヘアスタイル

美しさを表したトレードマーク

若い女性たちの憧れとして、
大流行した美智子さまの上品で華やかなスタイル。

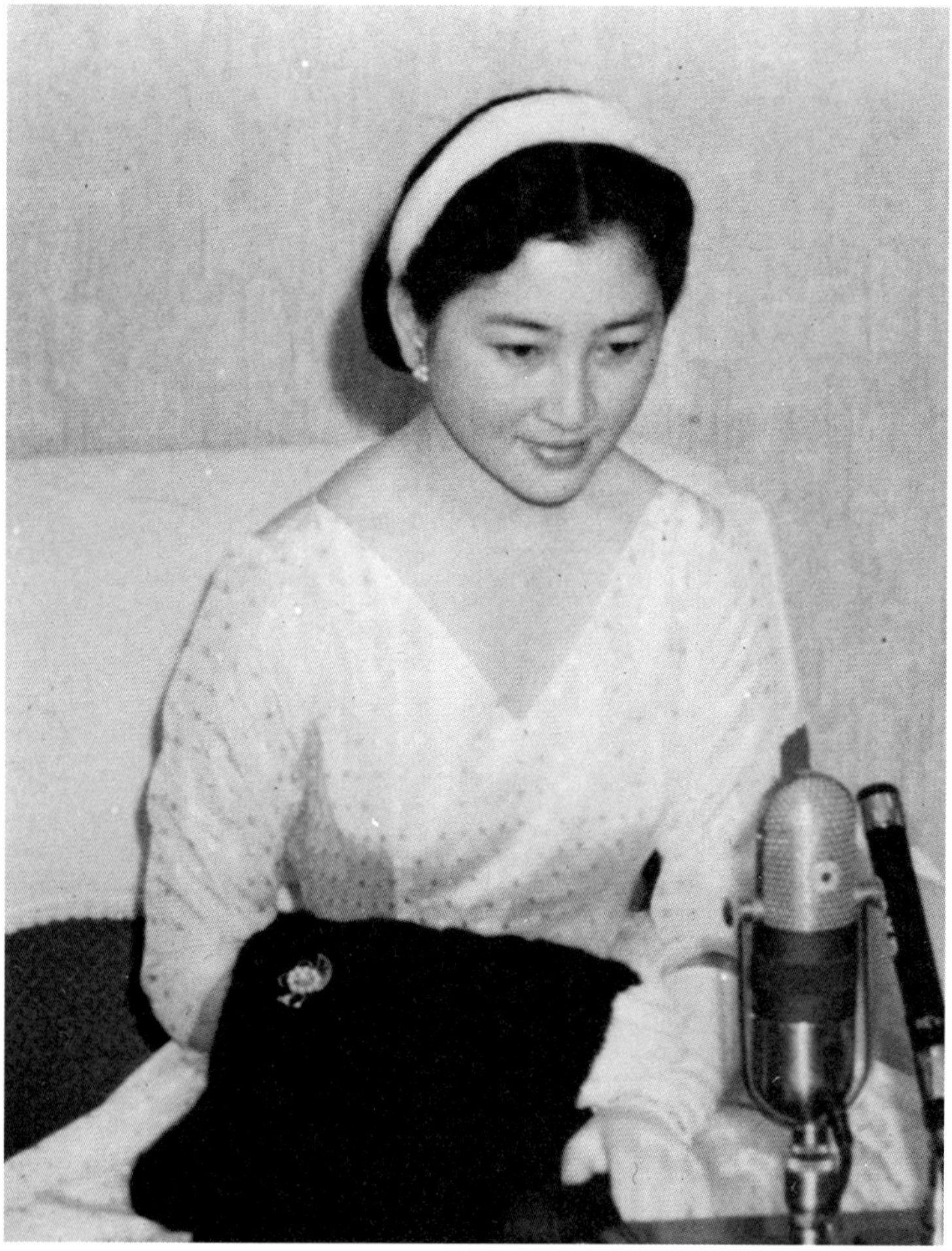

昭和33年、婚約記者会見
美智子さまのヘアバンドはミッチースタイルとして若い女性の間で大流行した。このヘアスタイルは美智子さまのイメージを普遍的なものにした。

女性たちを魅了した「ミッチーバンド」

昭和33年から34年にかけて大流行した「ミッチースタイル」。

美智子さまが愛用されていたヘアバンドは「ミッチーバンド」と呼ばれ、さまざまなメーカーがこれに似た商品を発売した。

また、和装時には、前髪は下ろされず、ウェーブ状に癖をつけて、流すのが美智子さまのスタイル。

当時から変わることのないヘアスタイルは、美智子さまのトレードマークとなった。

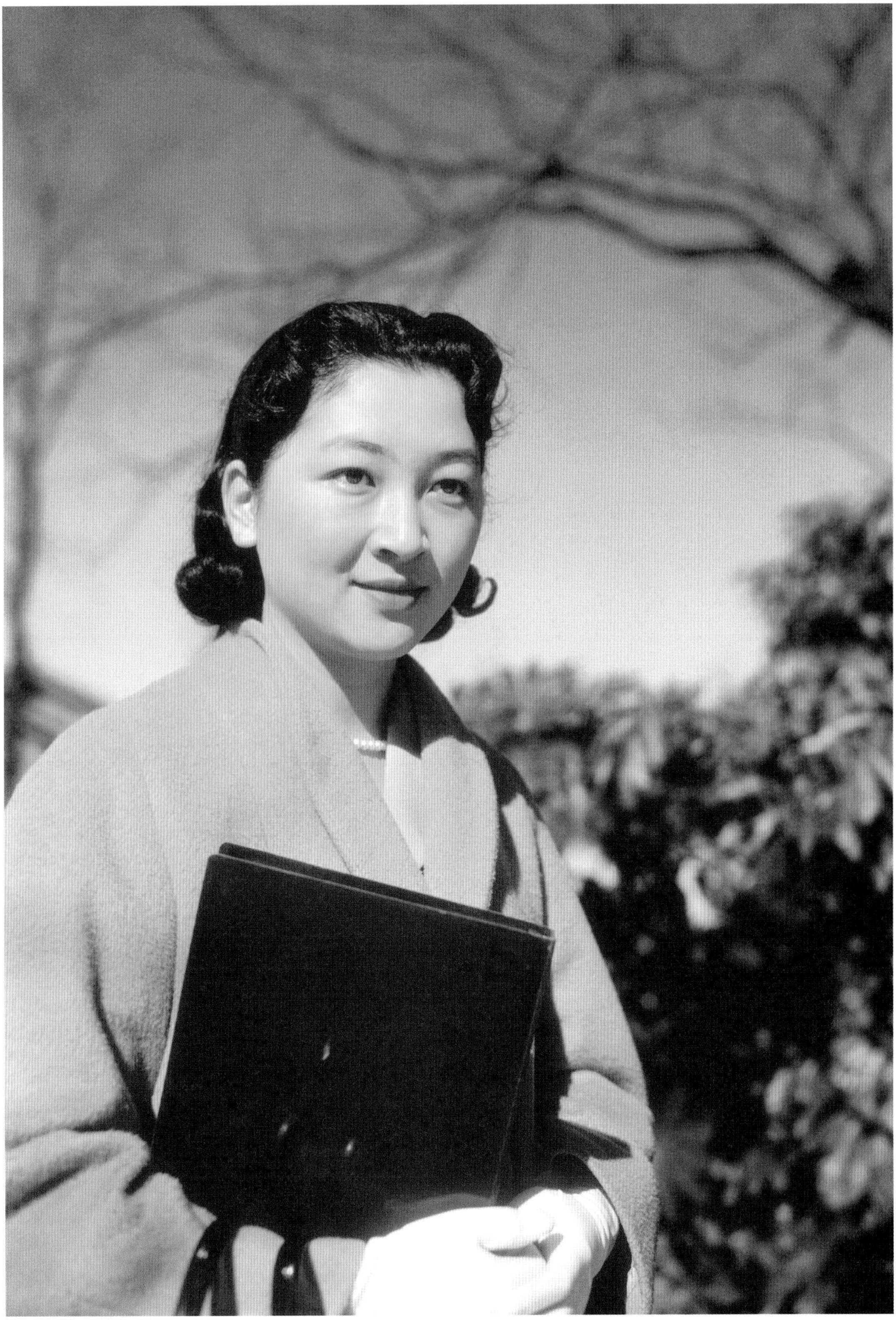

桜色のコートに身を包まれる
昭和34年、皇太子妃教育のために宮内庁分室に通っていた正田美智子さん。

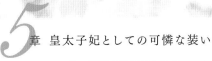

国民からの祝賀

昭和の一般参賀

皇室に新しい光を差し込んだ美智子さま

昭和23年から行われている一般参賀。
皇居で開催され、皇室の方々が国民から直接祝賀を受けられる。

一般参賀に花を添えた美智子さまのお姿

皇室の方々が国民から直接祝賀を受けられる一般参賀は、毎年1月2日と天皇誕生日（昭和天皇は4月29日）に皇居で開催される。

昭和61年4月29日、昭和天皇は85歳の誕生日を迎え、一般参賀が行われた。同年3月に子宮筋腫の手術を受け、4月に退院されていた美智子さま。そのご苦労も見せず、大勢の観衆に向けて、笑顔で手を振られていた。

一般参賀での美智子さまは明るく清楚で上品なお姿であった。

昭和天皇85歳一般参賀
昭和61年４月29日、昭和天皇85歳の誕生日に行われた一般参賀。

昭和61年新年一般参賀
昭和61年１月２日、新年一般参賀に訪れた人たちに手を振って応えられる。左から、礼宮さま、浩宮さま（現・天皇陛下）、皇太子殿下（現・上皇陛下）、美智子さま、常陸宮ご夫妻。

平成14年、国際児童図書評議会（IBBY）総会に参加する美智子さま。IBBY朝日賞の授賞式で、クエンティン・ブレイクさんの絵本を笑顔でのぞき込まれている。

「本に支えられてきた」という美智子さまは、児童図書評議会の参加などの活動を積極的になさってきた。

読書だけでなく創作や翻訳も手がける

美智子さまと本

世界的な大会で本への思いを語られる

平成10年9月にインドのニューデリーで、国際児童図書評議会（IBBY）の第26回世界大会が開催された。IBBYはスイスのバーゼルに本部を置き、子どもと本とをネットワークで結ぶ国際的な組織。世界中の子どもへの読書支援活動や本の調査・研究などを行っている。

この大会では、「本に支えられてきた」という美智子さまの講演ビデオが上映された。そのビデオのなかで美智子さまは、「読書は、人生の全てが、決して単純ではないことを教えてくれました」と述べられた。

また、ご自身が愛読された本やご存じの作家の名前などにも触れられた。

美智子さまの少女時代には、戦争による疎開のため本に触れる機会が貴重だった。そんななか、フィンランドの叙事詩『カレワラ』やインドの『ラーマーヤナ』など、世界各地の神話や伝承の本を読まれ、外国のことを多く学んだという。

また、母となり、『指輪物語』シリーズを著したトールキン、『ナルニア国物語』シリーズを著したC・S・ルイスなどの児童文学者、ファンタジー作家の名を知ったという。

平成14年9月には、同じくIBBYの第28回世界大会がスイスのバーゼルにあるコングレス・センターで開催された。この大会は同時にIBBYの創立50周年を記念するものでもあったが、その際、美智子さまは名誉総裁に推薦され、大会でのあいさつを求められることとなった。

すべての子どものもとに本が行き渡ることを願う

当初、美智子さまは、自分は名誉総裁にふさわしい資格を欠くとして、ためらいを感じておられたという。しかし、その後、自分には何ができるかと自問したところ、過去に本から受けた恩恵とそれに対する感謝の念を伝えることに思い至ったという。

名誉総裁としてあいさつを述べられた美智子さま。世界には経済的または社会的な要因で、本ばかりか文字そのものからも遠ざけられていたり、紛争地で生活することを余儀なくされたりしている子どもたちが多くいることに胸が塞がれる思いだと述べ、「子どもたちが、どうかその心の支えとなる絵本に出会ってほしい」と語られた。

その際、美智子さまは戦時中のご自身の経験を振り返られた。身近にほとんど本がなかったこの時期、美智子さまが手にすることのできた本はわずか4、5冊にすぎなかったが、このとき読んだ本で異国を理解するきっかけを得たことから、子どもたちにも自分の内に潜む大きな可能性を信じてもらいたいと述べられた。

読書は、人生の全てが、決して単純ではないことを教えてくれました。

（平成10年9月）

娘との山登りの経験を綴った絵本

美智子さまは、聖心女子大学在学中には児童書についての研究をされ、そのときの論文の一部がご婚約時に公開されるなど、本のなかでもとりわけ児童書に強い関心をお持ちである。3人の母になってからも、お子さまたちとかつてご自身が愛読された絵本を読み返す喜びを日々の暮らしの中で享受されてきた。

そして、作品をお読みになるばかりでなく、ご自身で創作や翻訳もなさってきた。たとえば、平成2年から「ぞうさん」や「ふしぎなポケット」などの作品で知られる詩人のまど・みちおさんの詩集の英訳をなさっている。関係者を通して昭和55年から昭和64年にかけて許可を依頼したという美智子さまは、80編にわたる作品を4年の歳月をかけて翻訳され、世界の児童文学界と共有された。

この結果、まどさんは平成6年、児童文学のノーベル賞と呼ばれる国際アンデルセン賞を受賞した。これは日本人として初の快挙だが、この活動を通じて、美智子さまはIBBYの活動に関わるようになったという。

平成3年に刊行された絵本の『はじめてのやまのぼり』（至光社）は、美智子さまのはじめての著書である。紀宮さま（現・黒田清子さん）が6歳のころ、お二人で山登りをされた思い出をご自身で綴った絵本だ。日本語だけでなく、英語やポルトガル語、ハンガリー語、チェコ語、アラビア語にも翻訳され、各国で出版されている。

これは、お兄さんと二人だけで山登りに挑戦した女の子が、豊かな自然のなかを進むうちにカモシカの気配を感じ、下山するまでの心の成長を、美智子さまの繊細な視線でさわやかに描いたお話だ。美智子さまは、表紙見返しで「人のあり方や行為が、時として、外からは測ることの出来ない思いに支えられていることを知り、驚くことがあります」と記されている。

子どもたちが、どうかその心の支えとなる絵本に出会ってほしい。

（平成14年9月）

6章

皇后としての凜とした装い

即位を宣明

新たな皇后の誕生

厳かな即位礼正殿の儀

天皇が国民にご即位を披露された。
「即位礼正殿の儀」の後には祝賀パレードも行われた。

即位礼正殿の儀
平成2年11月12日、「即位礼正殿の儀」に臨まれる美智子さま。平安時代に嵯峨天皇の詔で神事の際の御服は「帛御衣」と定められた通り、白の唐衣をお召しになっている。

即位の礼での厳かで見事なお召し物

昭和天皇の喪が明けた平成2年11月12日、皇居・正殿にて「即位の礼」の中心儀式である「即位礼正殿の儀」が執り行われ、天皇陛下（現・上皇陛下）のご即位が公に宣明された。

このとき美智子さまがお召しになったのは古式ゆかしい五衣、唐衣、裳の宮廷装束である。最上衣となる白の唐衣には、小葵地文に延命長寿を意味する松喰鶴《まつくいづる》の丸紋が紫で織り出され、その下の御表着には美智子さまのお印である白樺が施された。

豊受大神宮に親謁の儀
平成２年11月27日、三重県伊勢市の伊勢神宮で執り行われた「豊受大神宮に親謁の儀」での美智子さま。十二単をお召しになり、鳳凰の飾りがついた菅笠を侍従が差しかけている。

即位礼一般参賀にて
平成２年11月18日、ご即位を祝う一般参賀で集まった人たちに手を振られる天皇陛下（現・上皇陛下）と美智子さま。

祝賀パレードには洋装で臨まれる

ご宣明の後には、天皇が広く国民にご即位を披露し、祝福を受けられるための祝賀パレード「祝賀御列の儀」が行われた。

この日、天皇陛下（現・上皇陛下）は燕尾服の胸に勲章をつけられ、美智子さまは白いローブデコルテにティアラを戴いたお姿で皇居・宮殿前にお見えになった。その後、オープンカーに乗車されたお二人は、行進曲「平成」の演奏とともに皇居を出発された。

美智子さまの頭上を飾るティアラは、明治から受け継がれているもの。代替わりのたび、新たな皇后に合わせてサイズ調整がなされてきた。数々の震災や戦火、官民所有の金属類回収をくぐり抜け、令和の雅子さまにも継承されている。

祝賀パレードで、天皇陛下（現・上

オープンカーを待つ両陛下

平成２年11月12日、「祝賀御列の儀」に際し、皇居・宮殿前でオープンカーの到着を待たれる天皇陛下（現・上皇陛下）と美智子さま。

皇陛下）と美智子さまは、宮殿から赤坂御所までの約４・７キロメートルの道のりをゆっくりと進んだ。44台の車と65名の皇宮護衛官とともに、時速10キロメートルほどの速さであった。

祝福に集まった人の数は約12万人にものぼった。お二人の姿が見えると、皇居前広場では大きな歓声が上がった。なりやまない万歳三唱を聞きながら、お二人は沿道に向かってにこやかに手を振られた。

3人の子の母親

ご家族の幸せを祈る

母としてのお姿

ご公務の傍ら母親として3人のお子さまを立派に育て上げられた美智子さま。活動的なお姿が印象的だ。

即位礼正殿の儀の後の園遊会

平成2年11月13日、「即位礼正殿の儀」の翌日、参列のために来日した外国の要人を招いて開かれた園遊会での美智子さま。紀子さま、紀宮さま（現・黒田清子さん）と楽しそうにお話しされている。天皇陛下（現・上皇陛下）と秋篠宮さまもご一緒。

母として願うご子息ご令嬢への思い

平成4年の誕生日、美智子さまは、皇太子殿下（現・天皇陛下）や紀宮さま（現・黒田清子さん）のご結婚に関して、ただ「幸せな結婚を願っています」と言葉を残されている。

平成17年11月、紀宮さまが結婚された。結婚式を翌月に控えたお誕生日を前に、母親としての気持ちとして、「心に浮かぶことを清子に告げたいと思いますが、私の母がそうであったように、私も何も言えないかもしれません」と述べられた。

御用邸内の砂浜を散策
平成14年8月26日、眞子さま、雅子さま、雅子さまに抱かれた愛子さま、天皇陛下（現・上皇陛下）、佳子さま、皇太子さま（現・天皇陛下）、紀子さま、秋篠宮さまとご一緒に、静養先の須崎御用邸内の海岸を散策する美智子さま。

葉山御用邸での天皇ご一家
平成5年1月、葉山御用邸前の海岸を天皇陛下（現・上皇陛下）、皇太子さま（現・天皇陛下）、秋篠宮ご夫妻とともに散策される美智子さま。

主賓を
大事に

皇后時代は落ち着いたお召し物を
シンプルで控えめな装い

皇后になられてからは主賓を引き立てるシンプルで、控えめな装いを重視された。

アメリカ大統領夫人を迎えて
平成4年1月、会見のため皇居・宮殿に入る美智子さまとブッシュ大統領（当時）の夫人のバーバラさん。

あくまでも主賓を引き立てる装い

皇太子妃のころから美しいお召し物の数々を披露なさってきた美智子さま。和装から洋装まで幅広く着こなされるなかでも、常に自分なりのこだわりを取り入れ、時代に左右されない装いを心がけてこられた。

一方で、皇后になられてからはだんだんとその装いも淡く渋く、シンプルなものになっていった。紀子さまや雅子さまのご成婚では、チョーカーなども一段と控えめなものを選ばれ、あくまで主賓を引き立てられた。

ノルウェーをご訪問
平成17年５月13日、国立工芸博物館の見学を終え市民に手を振る美智子さまとメッテ＝マリット王太子妃。

CWAJ現代版画展にて

平成27年10月29日、第60回CWAJ現代版画展のオープニングレセプションに出席した美智子さま。お香の煙色の訪問着をお召しになった。

コンサートを鑑賞
平成30年5月16日、東京都新宿区にある「第20回別府アルゲリッチ音楽祭」の会場に到着し、観客席に手を振る美智子さま。

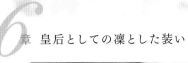

繊細な心配り

雅やかでいて親しみやすいお召し物

魅力的な和装での佇まい

美智子さまのお召し物は、その目的や場所にあっていて、魅力的かつ親しみやすさが感じられる。

カナダ・ビクトリアにて
平成21年7月、ブリティッシュ・コロンビア州議会を訪問された美智子さま。同議会の議事堂前で浴衣を着た女の子から花束を受け取られた。

訪問先に合わせた洗練されたお召し物

皇后になられてから一段とお忙しい日々を送られるようになった美智子さま。それでも、お出かけや外国ご訪問、宮中祭祀などのご公務の傍ら、天皇陛下（現・上皇陛下）とともに国民の前にお出ましになっては、そのたびごとに素敵なお召し物を披露された。

とりわけ目を惹くのが和装での佇《たたず》まいである。華美でなく、常にその時々の目的や季節、場所を十分に考慮したお召し物ゆえ、魅力的なのはもちろんのこと、親しみやすさも感じられる。

東御苑内を散策
平成10年10月、64歳のお誕生日を迎えられた美智子さま。天皇陛下（現・上皇陛下）と東御苑内を散策中のご様子。（宮内庁提供）

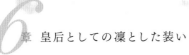

外国訪問

異国の地だからこそ和装で

海外に日本の美を伝える

美智子さまは和装をなさることによって、海外に日本の装いの美しさを伝えてこられた。

デンマークご訪問
平成10年６月、デンマークのコペンハーゲン市が主催する歓迎午さん会で出迎えを受ける天皇陛下（現・上皇陛下）と美智子さま。このとき美智子さまは薄緑地の訪問着をお召しだった。

世界に絶賛される美しい着物姿

美智子さまは皇后になられてからも熱心に外国を訪問されたが、その際も積極的に和装を選ばれ、日本の美を海外に伝えてこられた。

天皇陛下（現・上皇陛下）のご即位後、はじめて訪問されたのはタイ・マレーシア・インドネシアのアジア3カ国であった。このうちマレーシアでは光沢の美しい紋倫子の地に、繊細な刺繍をあしらった貝桶文様の訪問着をお召しになったが、その気品あふれるお姿はまさに日本の文化の象徴であった。

カナダご訪問
平成21年7月、カナダのバーナビーにある日系関連の複合施設「日系プレース」を訪れ、笑顔で話をされる美智子さま。鷺草（鷺の飛ぶ姿に似た植物）を染め上げた三つ紋付きの訪問着をお召しになった。

四季折々の美しい植物が描かれた美智子さまの着物。海外交流の際にお召しになる着物にも、皇室ゆかりの模様や、梅や桜など、日本文化の薫りが高い柄を選ばれることが多いように見受けられる。

美智子さまの着物姿は、皇太子妃時代から国際親善の場で大絶賛されてきた。その装いから、日本の美しい文化や自然のすばらしさを、海外に伝えているのである。

和洋折衷

洋装でも美しいお姿

国産を大事にする洋の装い

国産の素材を用いられたり、着物地の技法を取り入れたりして
オリジナルの洋装をなさった。

朝見の儀
平成5年6月9日、赤坂御所より皇太子さま（現・天皇陛下）ご成婚における「朝見の儀」のため皇居に向かわれる天皇陛下（現・上皇陛下）と美智子さま。

洋装も見事に着こなされるお姿

美智子さまは、洋装でも生地はできるかぎり国産にこだわってこられた。また、ドレスやスーツに着物地の技法を取り入れることを好まれた。ご成婚のときや米国ご訪問の際の晩さん会などでお召しになったローブデコルテは、パリのクリスチャン・ディオールのデザインだが、生地は京都西陣の老舗・龍村美術織物の作による明暉瑞鳥《めいきずいちょう》錦《にしき》で、図柄は雲の流れる様を表した「洗雲庭」と、和洋を折衷した唯一無二のドレスとなっている。

正装の美智子さま

平成2年10月ごろに撮影された正装の美智子さま。皇室貴婦人の3点セット(ティアラ・勲一等宝冠章・ローブデコルテ)のうちローブデコルテには龍村美術織物の生地が使われている。(宮内庁提供)

文化の融合

茜色や鬱金色、縹色などを取り入れる

和の伝統美を洋装にも

ドレスやスーツなど、さまざまなお召し物に、和の技術を積極的に取り入れてこられた。

朝見の儀
平成5年6月9日、皇太子さま（現・天皇陛下）と小和田雅子さんのご結婚に際し、「朝見の儀」に臨まれた天皇陛下（現・上皇陛下）と美智子さま。美智子さまは西陣の帯柄として伝わる大王松を柄に取り入れたローブデコルテをお召しになっている。（宮内庁提供）

和洋を組み合わせて着こなされる

茜色や鬱金色、縹色などは日本的な色合いとされるが、美智子さまはこれらも洋装に取り入れている。

さらに、着物の代表的な模様付けである「絵羽模様」を応用したぼかし染めのドレスや、重みと厚みが特徴の「鬼しぼ縮緬」の地を用いたスーツやケープ、伝統的な織地である佐賀錦や疋田《ひった》鹿《か》の子《こ》絞りの生地を部分的に使用したローブデコルテなどを公式の場で何度もお召しになり、いずれも見事に着こなされてきた。

小和田雅子さんに会いに

平成5年1月19日、皇太子さま（現・天皇陛下）と小和田雅子さんの婚約が決定し、ご両親と雅子さんに会うため皇居に向かわれる天皇陛下（現・上皇陛下）と美智子さま。美智子さまは和の伝統技法「ぼかし染め」を取り入れた洋服をお召しになっている。

地元への配慮

心配りに満ちたお召し物

地元の人を嬉しい気持ちに

美智子さまは、お似合いであるという点以外にそのときどきでふさわしいお召し物を選ばれる。

日本国際賞授賞式にて
平成29年４月19日、第33回日本国際賞授賞式にご出席の天皇陛下（現・上皇陛下）と美智子さま。

常に周囲に配慮された装い

美智子さまは皇后としてのご公務にいつでもふさわしいお召し物で臨まれたが、その際の心配りもすばらしい。国内でのご公務では洋装が多いが、特に地方を訪問されるときは、華やかで活発な印象の衣装をお召しになり、人々の気持ちを明るくさせた。

平成4年5月に福岡県の全国植樹祭に参加されたときには、地元の名産である久留米絣をあしらったアンサンブルをお召しになり、地元の人々からは驚きと喜びの声が上がった。

雅楽を鑑賞

平成7年4月14日、皇居の桃華楽堂で雅楽を鑑賞される美智子さま。春らしい色の訪問着をお召しだ。

国内訪問

即位15年間で全都道府県へ

歴代ではじめて沖縄へご訪問

お二人は在位中に全都道府県を2巡されているが、とりわけ沖縄県や広島県、長崎県へ思いを寄せておられる。

全国植樹祭にて
平成5年4月25日、第44回全国植樹祭にて介添えにあたった緑の少年団の子どもたちにお声をかける美智子さま。

これまでに何度も訪問された沖縄

天皇陛下（現・上皇陛下）と美智子さまはご即位から15年ですでに47都道府県を1周されているが、なかでも沖縄県には皇太子時代から退位までに11回も慰霊で訪れている。

昭和50年7月にはじめて訪れたときには、過激派から火炎ビンを投げつけられる事件も起こった。しかし「この地に長く心を寄せ続けていく」として、以後も繰り返し足を運び、平成5年4月23日には歴代天皇として初の沖縄県ご訪問を遂げられている。

美智子さまがご訪問の際に詠まれた御歌

被爆五十年　広島の地に　静かにも
雨降り注ぐ　雨の香のして

那覇空港にて
平成5年4月23日、沖縄県の那覇空港に到着し、出迎えの関係者に会釈で応える美智子さま。

原爆の被害にあった広島にも出向かれる

平成7年は阪神・淡路大震災や地下鉄サリン事件など事故や事件が相次いだが、同時に戦後50年ということもあり、お二人は戦地となった地域を次々に訪れた。なかでも広島県広島市には5月20～22日と7月27日の2回、訪問されている。

1回目は全国植樹祭へのご臨席が主な目的であったが、原爆死没者慰霊碑へのご供花、広島平和記念資料館へのご訪問、原爆養護ホーム倉掛のぞみ園への慰問なども行われた。

7月27日には「慰霊の旅」の一環でおいでになった（7月26日には長崎県、8月2日には沖縄県に出向かれた）。同地ではまず戦後の概況をご聴取された。そして、平和記念公園の原爆死没者慰霊碑に献花され、戦禍に倒れた人々のことを思われた。

福祉への関心

ハンディキャップのある人もお支えに

障害者施設を訪れる

長らく日本赤十字社の名誉総裁を務めてこられた美智子さま。障害者福祉にご関心を持たれ、関係施設にたびたび出向かれた。

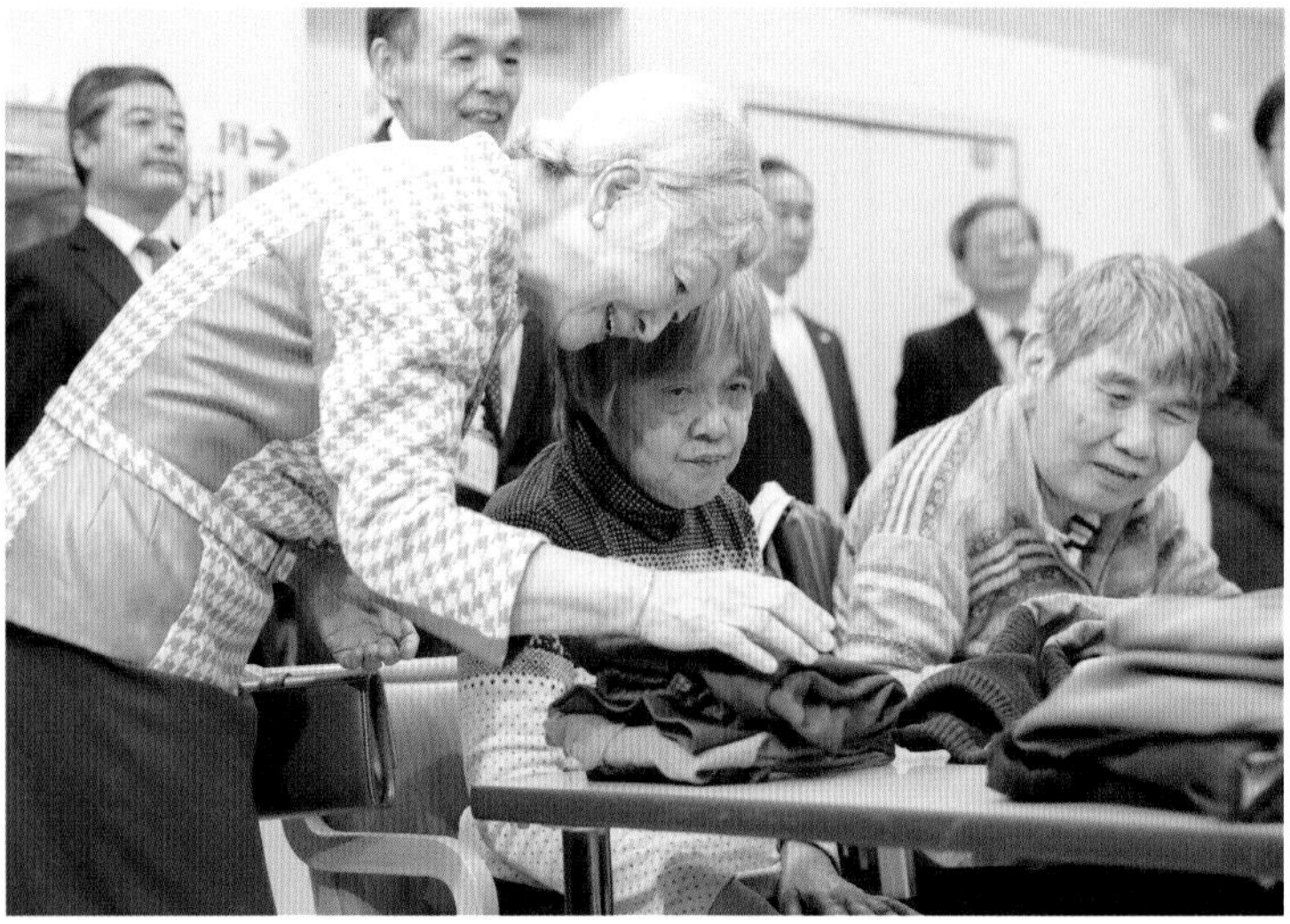

障害者施設にて
平成30年12月6日、障害者週間（12月3～9日）にあわせ、東京都国立市の知的障害者施設「滝乃川学園」を訪問された美智子さま。洗濯物をたたむ作業を見学された。

いろいろな立場の人に心を寄せられる

被災者や戦没者のほかにも美智子さまが常に心を寄せていらっしゃるのが障害者やその家族である。障害者施設へのご訪問は、昭和34年に恩賜財団母子愛育会を訪ねられて以来、国の内外を問わず熱心にされてこられた。

また、障害者の自立や障害者スポーツの振興にも関心をお持ちで、日本太鼓全国障害者大会へのご臨席のほか、東京と長野で開催されたパラリンピックではアーチェリーやアイススレッジスピードレースなどを観戦された。

日本太鼓全国障害者大会にて
平成25年10月6日に東京都文京区の文京シビックホールで行われた第15回日本太鼓全国障害者大会を訪問され、手を振られる美智子さま。白のお召し物に、腕には薄いベージュのハンドバックをかけておられる。

被災地訪問

心に寄り添うあたたかさ

常に相手と同じ高さの目線に

平成時代以降、被災地訪問が頻繁に行われている。美智子さまの被災地に寄せる強い思いがうかがえる。

避難所にて

平成3年7月10日、長崎県を訪問された天皇陛下（現・上皇陛下）と美智子さま。板張りの床に膝をつき、被災者と同じ高さの目線でお言葉をかけられた。帰り際、美智子さまは子どもに「ばいばい」と声をかけられ微笑まれた。

皇室史上はじめて被災地に足を運ばれる

平成3年6月3日、長崎県の雲仙普賢岳で火砕流が起こり、死者・行方不明者43人、建物被害179棟という、火山災害としては大規模な被害がもたらされた。

同年7月10日、天皇陛下（現・上皇陛下）と美智子さまは民間機とヘリコプターを乗り継いで現地を訪問された。それは陛下の即位後はじめての被災地ご訪問であり、同時に「陛下」のお立場の方が直接被災地に足を運ばれるはじめての事例であった。

福島市の避難所にて
平成23年5月11日、福島市の避難所を訪れ、東日本大震災の被災者に声をおかけになる美智子さま。このときも床に膝をつかれており、この慰問のスタイルは、その後の総理大臣や閣僚の被災地訪問においても踏襲されている。

被災者の視点で語りかける

このときのご訪問は地元の負担を考慮して日帰りの日程となったが、3地域で計7カ所の仮設住宅や避難所をまわり、午後8時過ぎには東京の御所に戻るという過酷なスケジュールだった。それでもお二人は被災者との時間を大切にされた。

なかでも皇室のあり方を大きく変えた出来事として印象的だったのは、相手と同じ目線の高さで話をするために、その場にひざまずかれたことである。そのお姿は、陛下が常に口にされている「国民とともに」という言葉を見事に体現している。

しかし、それまで天皇が国民の前でひざまずくというのは考えられなかったことであり、現場の人のみならず、配信を通じて目にしたすべての国民が驚きの声を上げた。

皇居へ集まる

約8万人が参賀に訪れた

平成の一般参賀

平成時代における一般参賀は平成2年の11月にはじめて行われ、これまでに何度か中止になったこともある。

御即位礼一般参賀
平成2年11月18日、即位礼一般参賀の場で一般の人々からお祝いを受けられる美智子さま。

お正月と天皇誕生日に行われる一般参賀

毎年約8万人が皇居前に集まる一般参賀は昭和23年に始まり、以降毎年1月2日と天皇誕生日に行われている。ただし、これまで何度か中止になったこともある。たとえば平成元年の天皇誕生日（12月23日）と平成2年1月2日は昭和天皇の諒闇（喪に服する期間）のため行われず、代わりに11月に御即位礼一般参賀が行われた。また令和2年以降はコロナ禍の影響で、中止またはインターネットでのビデオメッセージの配信が行われた。

新年一般参賀
平成13年1月2日に行われた新年一般参賀で皇居を訪れた人々に手を振られる美智子さま。

お互いを気遣う

いつまでも仲睦まじいお姿

変わらぬ理想の夫婦像

常にお互いに寄り添われる上皇陛下と美智子さま。お二人のご関係は国民にとって喜ばしいものだ。

葉山の海岸を散策
平成31年1月21日、葉山御用邸付近の海岸を散策される天皇陛下（現・上皇陛下）と美智子さま。

国民にとっての理想の夫婦像

平成31年4月10日、ご成婚60年を迎えられた天皇陛下（現・上皇陛下）と美智子さま。陛下は平成30年のお誕生日のお言葉で、美智子さまとともに歩んでこられた日々を思い、美智子さまに対し「心からねぎらいたく思います」と述べられた。

控えめながらも常に陛下に寄り添われてきた美智子さまと、その美智子さまに全幅の信頼を寄せてこられた陛下。お二人のお姿はこれからも国民にとって理想の夫婦像であり続けることだろう。

美智子さまが吹き込んだ新しい風

皇室を華やかに彩る
女性皇族方

皇室に新しい風を吹かせた美智子さま。
国内外で人々との交流を深められる美智子さまのお姿は、
ほかの女性皇族にも大きな影響を与えている。

雅子さま

令和元年５月22日、全国赤十字大会に出席した雅子さま。初の単独公務を遂行された。

天皇陛下、雅子さま、愛子さま

令和元年８月19日、JR那須塩原駅に到着した天皇陛下、雅子さま、愛子さま。この後、那須御用邸に向かい、ご静養のひとときを過ごされた。

【公私問わず国民を励まし笑顔を交わすお姿】

令和元年8月19日、天皇陛下ご一家は、那須御用邸でのご静養のため、JR那須塩原駅に到着された。

天皇陛下は「山の空気を吸ってゆっくりできればいいかな」と話された。また、この日、愛子さまは「海で日焼けして、もう、一皮むけちゃったんです」と笑顔でお話しされ、報道陣の笑いを誘っていたという。

雅子さまは、令和元年5月22日、初の単独公務である全国赤十字大会に出席された。

令和を迎えると同時に美智子さまから名誉総裁を引き継がれた雅子さま。

この日は、4団体と9人に「有功章」を贈られた。

式典後には、平成30年7月に発生した西日本の豪雨で救護活動にあたった医師らに面会し、活動をねぎらわれた。

令和元年6月30日、ポーランドを訪問された秋篠宮妃紀子さま。ワジェンキ公園で市民らと記念撮影をされている。

積極的に国内外で文化交流を図られる

令和元年6月30日、秋篠宮ご夫妻はポーランドを訪問された。ワルシャワのワジェンキ公園を散策された後、ご夫妻は公園内の王宮劇場で開かれた「日本・ポーランド国交樹立100周年ピアノコンサート」に出席された。

また、令和元年9月30日、眞子さまは「日本中近東アフリカ婦人会　第20回記念チャリティーバザー」に参加された。振り袖姿で巡られた眞子さまは、工芸品やチョコレートなど現地の物産品の説明に熱心に聴き入られていた。

令和元年7月24日には、佳子さまは「第53回全日本高等学校馬術競技大会」の開会式に出席された。

佳子さまは式に参加した36校の部員に対し、「各地から集まった仲間との交流を深め、かけがえのない思い出をつくってください」とあいさつされた。

眞子さま

令和元年９月30日、「日本中近東アフリカ婦人会第20回記念チャリティーバザー」に参加された秋篠宮家の長女・眞子さま。民芸品を手にとり、言葉を交わされている。

平成元年７月24日、「第53回全日本高等学校馬術競技大会」の会場に到着された秋篠宮家の次女・佳子さま。出迎えた近隣の保育園児に声をかけられている。

佳子さま

美智子さまの87年間

令和3年10月に米寿をお迎えになる美智子さま。昭和34年にご結婚されてから、皇族として、皇室や国民を支え続けている。そして、上皇后となった今も国民を励まし続けている。

年号	年齢	事歴
昭和9年	0歳	●10月20日、東京市にて正田英三郎、富美子夫妻の長女としてご誕生
昭和16年	6歳	●雙葉学園雙葉小学校附属幼稚園ご卒園
昭和22年	12歳	●雙葉学園雙葉小学校ご卒業
昭和25年	15歳	●聖心女子学院中等科ご卒業
昭和28年	18歳	●聖心女子学院高等科ご卒業
昭和32年	22歳	●聖心女子大学文学部外国語外国文学科ご卒業 ●軽井沢会テニスコートで皇太子殿下(現・上皇陛下)に出会う
昭和33年	24歳	●11月27日、皇室会議にてご結婚が決定
昭和34年		●4月10日、皇居・賢所にて結婚の儀が執り行われる
昭和35年	25歳	●2月23日、浩宮徳仁親王殿下(現・天皇陛下)ご出産 ●日米修好100周年記念にてご夫妻で初の海外ご訪問
昭和40年	31歳	●11月30日、礼宮文仁親王殿下(秋篠宮さま)ご出産
昭和44年	34歳	●4月18日、紀宮清子内親王殿下(黒田清子さん)ご出産
昭和59年	49歳	●銀婚式を迎えられる
昭和61年	51歳	●宮内庁病院にて子宮筋腫の手術を受けられる
	52歳	●ご夫妻で初の歌集『ともしび』を出版
昭和64年	54歳	●昭和天皇崩御にともない、新天皇ご即位
平成元年		●皇后になられる
平成2年	55歳	●秋篠宮さまが川嶋紀子さんとご結婚

※正田富美さんは、昭和56年に富美子に改名
注：年齢は各記事の時点を示している

平成3年	57歳	●10月23日、初孫の眞子内親王殿下が秋篠宮家にご誕生
平成5年	58歳	●皇太子殿下（現・天皇陛下）が小和田雅子さんとご結婚
平成6年	60歳	●12月29日、秋篠宮家に佳子内親王殿下ご誕生
平成9年	62歳	●歌集『瀬音』をご出版
平成13年	67歳	●12月1日、皇太子家に敬宮愛子内親王殿下ご誕生
平成14年		●国際児童図書評議会（ＩＢＢＹ）50周年記念大会ご出席のため単独でスイスご訪問
平成17年	71歳	●紀宮さまが黒田慶樹さんとご結婚
平成18年		●9月6日、秋篠宮家に悠仁親王殿下ご誕生
平成21年	74歳	●金婚式を迎えられる
平成24年	77歳	●エリザベス女王即位60周年記念式典にご出席
平成27年	80歳	●戦後70年にあたりパラオ共和国をご訪問
平成28年	81歳	●国交正常化60周年にあたりフィリピンをご訪問
平成29年	82歳	●「天皇の退位等に関する皇室典範特例法」が国会で成立
平成30年	83歳	●全国植樹祭出席のため福島県をご訪問
令和元年	84歳	●5月1日、新天皇ご即位 ●美智子さまは上皇后になられる ●東京逓信病院にて白内障の手術を受けられる ●小児がん征圧キャンペーン・チャリティーコンサート「生きる２０１９～小児がんなど病気と闘う子どもたちとともに～」にご出席 ●那須御用邸にご滞在 ●東京大学医学部附属病院にて乳がんの手術を受けられる
令和2年	85歳	●葉山御用邸にご滞在 ●御料牧場にご滞在
	86歳	●明治神宮鎮座百年祭にご参拝
令和3年	87歳	●天皇陛下が第32回オリンピック競技大会の開会式にてご挨拶

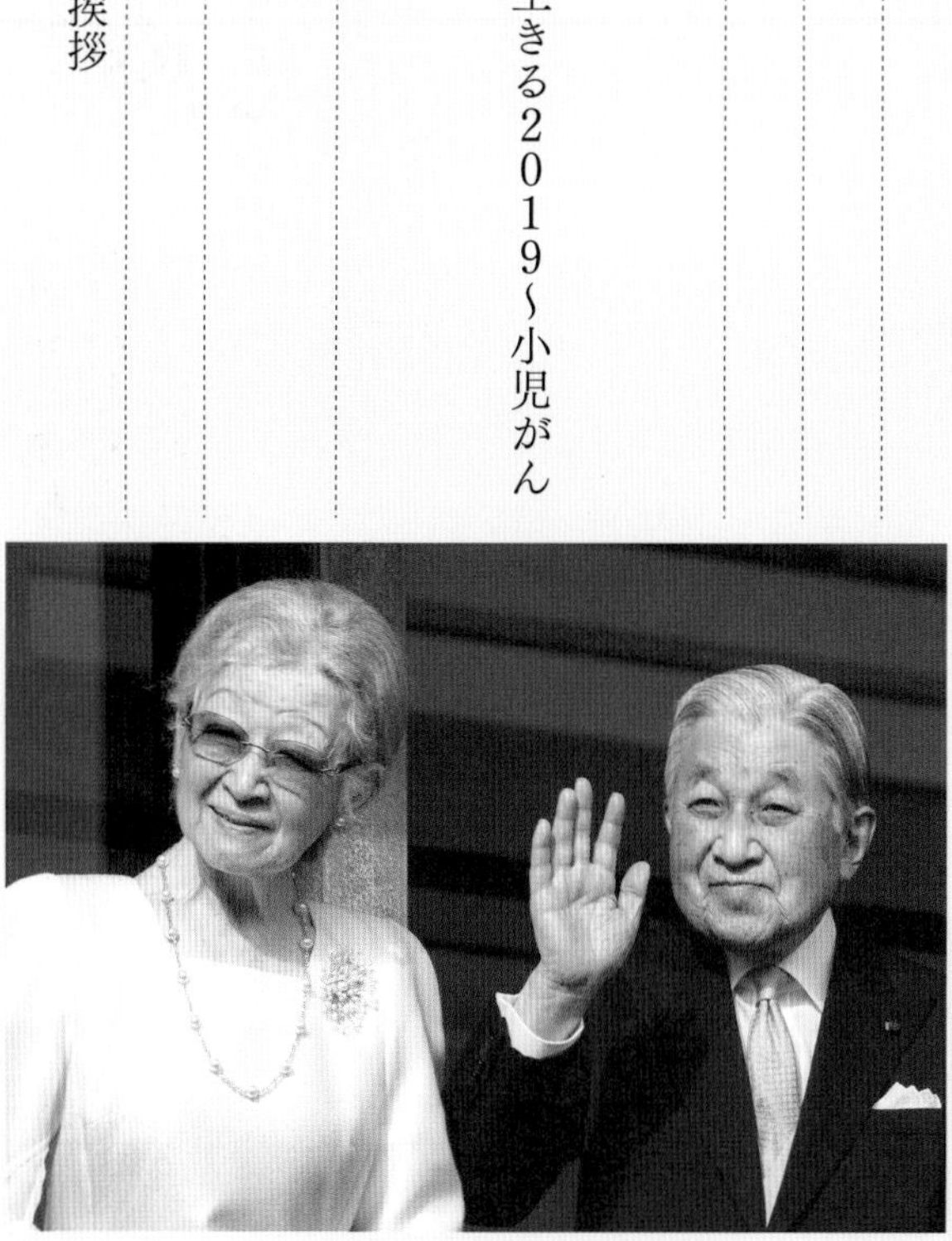

■表紙デザイン
坂本達也(株式会社元山)
■写真提供
朝日新聞社／アフロ／共同通信社
■本文デザイン
竹崎真弓(株式会社ループスプロダクション)
■編集協力
金丸信丈、半田明日香(株式会社ループスプロダクション)

美智子さまの63年
皇室スタイル全史 米寿のお祝い 完全版

2021年9月22日　第1刷発行

著　者　　別冊宝島編集部
発行人　　蓮見清一
発行所　　株式会社宝島社
〒102-8388
東京都千代田区一番町25番地
電話　編集：03-3239-0926
営業：03-3234-4621
https://tkj.jp
印刷・製本　株式会社廣済堂

Printed in Japan
ISBN978-4-299-02027-7